민돈원 첫 번째 신앙 에세이

도둑맞은 교회

현대인들의 불안하고 삭막한 삶에
희망의 지표가 될 하나님의 은혜를 전한다

추천사

— 이철, 기독교대한감리회 감독회장 —

"나는 기록한다 고로 나는 존재한다"는 이 책의 저자 민돈원 목사가 사용한 말입니다. 월간창조문예를 통해 등단한 수필가이자 목회자로 살아가는 저자는 기록의 소중함을 몸으로 체득하는 분입니다. 이 책에 담긴 이야기들을 읽어가며 첫 목회의 기억부터 슬며시 피어올랐습니다. 예전의 기억들이 너무 소중하고 아깝다는 생각에 '나도 이제는 써 볼까?' 하는 순간이 있을 정도로 이야기를 끌어가는 특별한 힘이 느껴집니다. 기록의 중요성은 참으로 지대합니다. 시간과 공간을 뛰어넘기 때문입니다. 그런데 이 책은 시간과 공간을 뛰어넘는 데 그치지 않습니다. 목회자로 살아온 삶의 흔적들이기 때문입니다. 인간에 대한 기록은 사실 혹은 정보 전달로 끝나지만, 주님과 관련된 기록은 그 자체가 언제나 인간의 심령을 움직이는 주님의 도구가 될 수 있습니다. 신약성경 사도행전 1장을 보면 예수님의 공생애를 표현한 것 중에 '행하시며'라는 동사와 '기록하였노라'는 동사는 우리말과 달리 같은 헬라어 '포이에오ποιέω'로 기록되어 있습니다. 기록 자체가

'행함'이기 때문입니다. 내가 남긴 몇 줄의 글을 통해 누군가의 인생이 주님 안에서 새로워진다면 얼마나 가슴 설레는 일입니까? 예수님과 함께 살아가는 삶의 흔적을 기록하는 것은 예수님의 가르침을 행하는 것과 다르지 않습니다. 목회 여정에서 지친 분들이나 목회의 길에 이제 막 들어선 분들, 목회자로 인해 상처를 받은 분들에게 일독을 권합니다. 이 책에 담긴 이야기들은 마음을 변화시키는 성령 하나님의 도구가 되기에 충분하기 때문입니다.

추천사

— 왕대일, 하늘빛교회 담임목사, 감신대 은퇴 교수 —

민돈원 목사는 늘 일기를 쓴다. 일상의 체험을 믿음의 눈으로, 말씀의 빛으로, 목회자의 시선으로 되돌아보고, 되새기며, 다짐하는 일에 성실하다. 그 성실함이 신실함의 바탕이 되고, 그 신실함이 진실함의 기둥이 되어, 일기가 칼럼이 되고 칼럼이 모여 수필집이 되었다. 장한 일이다. 벅찬 일이다. 축하할 일이다.

일기는 말글이지만 수필은 글말이다. 다 같은 글이지만, 말의 매무새와 글의 매무시는 다르다. 일기에는 하루하루의 여정이 담겨 있지만, 칼럼에는 세상사를 바라보는 눈이 들어 있고, 수필에는 지금까지 살아온 긴 여정이 한 폭의 그림으로 어우러져 있다. 짧은 글, 토막글이 한 편의 에세이가 되면서 단편적으로만 비치던 삶이 하나의 줄거리가 있는 사역으로 자리매김하였다. 민돈원 목사가 펼친 삶과 사역의 지평선에 발을 들여놓은 자들은 그의 일상, 그의 가정, 그의 사역, 그의 교회 이야기 등에 공감하는 기쁨을 누리게 될 것이다. 그 공감이 독자의 삶과 공명共鳴을 이루면서 쉽게 드러나지 않는 자기 내면도 치유되는 덤을 수확하게 될 것이다.

추천사

— 김두식, 부산 말씀교회 담임목사, 고신대학교 겸임 교수,
베스트셀러 『전도는 어명이다』 저자 —

기록의 중요성은 성경과 고사성어에도 한결같이 나타난다. 요한계시록에는 그리스도의 계시를 요한에게 주시면서, 12번이나 강조한 말씀이 "기록하라(γράψον)"는 단어다. 헬라어 문법으로 보면, 단호한 명령을 나타낸다. 또한 "聰明 不如鈍筆(총명 불여둔필)"이란 한자 성어가 있다. '제아무리 총명해도 둔한 붓 하나만 못하다.'는 의미다. 기록의 중요성을 강조하는 말로써, '총명한 기억보다 희미한 글씨가 더 오래 남는다'는 말이다. 이 멋진 성어를 증명하는 분이 바로 민돈원 목사님이다. 민 목사님은 마치 사도 요한처럼, 그리고 다윗처럼 삶의 희로애락을 기록하는 분이다. 그 기록은 자신에겐 평생의 신앙고백이 되고, 읽는 이에겐 감동과 도전을 주는 지혜의 보고寶庫이다. 이번에 새롭게 발간되는 에세이집은, 독자들을 하나님의 은혜로 인도하며 깊은 감동과 공감을 선사할 것이다. 사유함으로 존재하는 목회자이며 지성인인 민돈원 목사님의 수필집을 강력히 추천한다.

추천사

— 이상현, 숭실대 법대 교수 —

감리회 거룩성 회복을 위한 기도회를 섬기시며 이 시대에 교회에 대항하는 이론들에 적극 대응하고 계시는 존경하는 민돈원 목사님께서 사회와 교계의 이슈들에 대해 저술을 내놓으시게 되었습니다. 강화에서 서울 동작구 소재 숭실대까지 한 학기에 여러 차례 개최되는 평의원회에 성실히 참석하시고 평의원으로서 고견을 제시하시는 등 수고를 아끼지 않으시는 민돈원 동문 목사님과 평의원회에서 함께 할 수 있었던 것은 제게 좋은 추억으로 남았습니다. 나라와 교회가 바로 서길 매일 기도하시면서 생각하셨던 내용들을 바쁘신 중 지속적인 저술 활동을 통해 축적해 놓으셨고 이를 정리하여 마침내 책으로 출간하게 되신 것을 축하드립니다.

이 책을 통해 목사님의 생각에 대한 교계 나아가 사회 내의 의견 교환이 활발해졌으면 하는 바람입니다. 포괄적 차별금지법안(또는 평등법안), 생활동반자법안, 학생인권조례 등을 통해 남녀 혼인을 중심으로 한 성 윤리를 옹호하는 기독교적 세계관에 대한 강력한 도전이 법적 근거를 확보하려는 움직임이 강화되는 상황 속에서 하나님의 창조 질서인 혼인을 존중하는 성경적 성 윤리, 기독교적 세계관을 2020년대, 30년대, 40년대에도 바로 세우려고 노력하시는 민 목사님의 수고가 이 책의 출간을 통해 교계와 사회에서 더 많은 열매를 맺기를 기도합니다.

추천사

— 김민수, 소아과 의사 —

이 책을 통해 다양한 주제를 가지고 우리가 매일 부딪히는 일상적인 문제들, 흔히 지나치기 쉬운 문제들을 비유와 체험과 말씀을 통해 쉽게 설명하면서 영적인 눈을 뜨게 하며 여전히 살아계시는 하나님을 만나며 우리의 삶을 변화시키는 놀라운 힘을 발견할 수 있습니다.

지금 우리가 어떤 시대에 살고 있는지 영적으로 깨어있는 분들은 다 알 것입니다. 누군가 선뜻 나서지 못하는 문제에 과감하게 내게 유익한 모든 것을 버리고 시대 정신과 역사의 현장을 외면하지 않고 확고한 말씀을 실천하며, 광야 같은 세상을 앞장서 선지자적인 삶을 사시는 민돈원 목사님의 귀한 책을 강력히 추천합니다.

이 책을 통해 각자의 자리에서 일어나 빛을 발하며 새 시대를 열고 주님의 오실 길을 예비하는 계기가 되기를 바랍니다.

프롤로그

중세교부철학의 아버지로 불리우는 어거스틴(354-430)은 "만일 내가 속고 있더라도 나는 존재한다." 근대철학의 아버지라 일컫는 데카르트(1596-1650)는 "나는 생각한다. 고로 나는 존재한다(Cogito, ergo sum)."라는 말을 남겼습니다. 필자는 이를 토대로 '나는 기록한다. 고로 존재한다'라는 대칭적인 표현으로 나를 규정해 봅니다. 지난 약 8년 가까이 감리회 인터넷 신문 고정 필진으로 칼럼을 연재해 왔습니다. 그 이후로도 종종 글쓰기를 하면서 모아 온 글들이 이번 신앙 에세이 출간에 큰 밑거름과 소중한 자원이 되었습니다.

그동안 총 400여 편 가까운 주제 중에서 우선 필자가 목회해 온 현장의 훈훈한 미담들 중심으로 찾았습니다. 각박한 세상에 사는 사람들, 리바이벌(revival)로써 살리는 일을 하기보다는 부지불식간에 치열한 서바이벌(survival)의 생존경쟁 구도 속에 살아남으려다 보니 몸과 영혼이 지쳐 있는 오늘 우리 주변을 떠올리게

도둑맞은 교회

되었습니다. 이와 같이 삭막하고 불안하게 살아가는 현대인들에게 한 줄기 희망의 빛, 마음의 생수, 또는 영혼의 마중물을 선사하고 싶은 마음을 글로써 다시 간추려 엮어보기로 했습니다. 생활 속에서 보고 느낀 생각이 떠오를 때면 메모해 두었다가 완성해 보니 그 시대 사람들의 정서와 분위기를 읽을 수 있는 역사적 자료도 있었습니다.

그런가 하면 자유라는 이름으로 자유와 절대 진리를 파괴하는 세속적 세계관에 감염되지 않도록 그 실상을 알리기 위해 반성경적 포스트모던의 사회적 핫이슈도 다루어야만 했습니다. 왜냐면 한 시대를 살아가는 목회자로서 기성세대는 물론 미래 주역이 될 다음 세대를 위협하는 왜곡된 문화에 대해서는 더욱이 외면할 수 없었기 때문입니다. 예컨대 이미 실패한 서구사회의 6.8 혁명에 영향을 끼친 문화 마르크시즘이 그 대표적인 케이스입니다.

이와 같은 무분별한 신봉자들, 소수 그룹의 주장과 원색적인 퍼포먼스 등은 불과 10여 년 전까지만 해도 사회가 용납하기 힘들고 상상할 수 없는 부끄러운 성문화였습니다. 하지만 이들이 최근 시대에 편승한 나머지 때로는 집단지성으로 카르텔을 형성하여 절대다수를 억압하는 일탈 행위로 우리 사회의 보편적 가치를 무너뜨리는 수위에 이르렀습니다. 따라서 이에 대한 고언이 담긴 예언적인 목소리는 누군가에 의해 외쳐야만 한다고 생각해 왔습니다. 이에 담아둔 마음을 현장감 있는 글로써 표출하지 않을 수 없었습니다.

이 책이 완성되기까지의 그 주제 하나하나를 대부분 주로 새벽

기도회를 마치고 난 후 마치 산고의 과정을 거쳐 출산(?)한 분신
分身에 비유해 봅니다. 왜냐면 원고 마감을 넘기지 않기 위해 새
벽 기도회 직후 쓰다 보면 아침도 거르고 점심시간쯤 돼서야 글
이 완성되는 경우가 적지 않았기 때문이요, 또 어떤 경우는 전날
밤에 원고 초고를 작성하여 골몰하다 보면 꼬박 밤을 지새우고
새벽 기도회 인도할 즈음에야 끝나는 경우도 종종 있었기 때문입
니다. 이처럼 사명감을 가지고 나름 심혈을 기울였기에 애정이
가는 글들입니다.

　단순히 판매 수익 목적만으로 출간하려는 취지와는 달리 제1
권은 애독자들과 함께 지난 정권 3년의 긴 터널을 지나오는 동안
의 진솔한 애환도 서려 있습니다. 무엇보다 교회와 사회 거리두
기 길들이기 했던 근본적인 저의가 무엇이었는지 일부 문제 제기
한 것을 비롯하여 생활 속의 다양한 소재에서 착안한 수상록으로
써 함께 고민하고 공감하는 토론의 장도 마련하고자 하여 마음을
쏟은 글입니다. 반면에 이어서 출간되는 제2권은 목회하면서 기
릴만한 자랑스럽고 감동적인 실화를 주 소재 삼은 훈훈한 미담을
소개함으로써 한국교회는 기실 이 어두운 세상에 여전히 희망과
생명의 빛을 전하는 최고의 보루임을 알리고자 했습니다.

　출간을 위해 바쁘신 중에도 추천사를 보내주신 감리회 수장이
신 이철 감독회장님, 신학교에서 구약학으로 후학을 양성하시다
목회하시는 왕대일 목사님, 부산 말씀교회 담임이시고 전도학 교
수이신 김두식 목사님, 사회 핫이슈에 양심적 지성으로 활동 중
만나게 된 숭실대 법대 이상현 교수님, 겸손과 사랑으로 주님의

마음을 지니신 소아과 전문의 김민수 원장님, 그리고 기도와 물질로 후원해 준 사랑하는 동생 민성자, 민소희와 얼음냉수 같은 진정민 님에게 감사드립니다.

　아울러 이번 책 출간을 위해 수고해 주신 북랩 대표를 비롯한 편집자 디자인팀 그리고 관계자 모두에게도 감사드리며 하나님의 은혜와 평강이 넘치시기를 축복합니다.

2023. 6
목양실에서
저자 민돈원

차 례

1장

2장

3장

1장

영광 최초의 감리교회인
영광반석교회

중학교 졸업까지는 전형적인 농촌에서 공무원인 아버지와 농사짓는 어머니 슬하에서 살갑게 자란 나는 7남매 중 장남이었다. 어릴 때 누구나 그렇듯이 마냥 어리광이나 피우며 철부지 아이였다. 그런 유년 시절, 청소년기를 물가로 달려가 미역감고 물고기도 잡고 다슬기 가재도 잡는 재미와 노는 재미로 지냈다. 이뿐이랴! 들로 산으로 다니며 메뚜기 풍뎅이 매미, 그리고 때로는 나무에 올라가 까치집에 있는 까치 새끼도 잡는 등 자연과 벗 삼아 즐기는 자연 그대로를 맘껏 즐기고 살았다.

그러다 고등학교를 시골에서 광주광역시로 진학했다. 그 당시는 괜찮은 학교 입학하려면 시험을 쳐서 우수한 성적이 되어야 그래도 도시로 다닐 수 있었다. 고교생활 3년간 자취, 하숙, 친척집 등에서 다니느라 부모님과 떨어져 살았다. 고교 졸업 후에는 국립으로 돈이 들지 않고 당시 교사 양성 과정이었던 부천에 있는 폴리텍대학이라는 학교를, 그리고 졸업하자마자 재학 중 한전

[사진 1] 착공 예배 당시
민돈원 전도사의 인사말

에 합격하여 신입사원 연수 교육 후 첫 발령지가 당시 서울 신당
동에 있던 성동지점이었다. 그 이듬해 다시 공부를 하여 최초 기
독교대학인 숭실대를 다니게 되었는데 학교는 주간이었기에 당
시 한전 전력 관리본부 산하에 변전소 근무를 하면 2교대 근무
제로 직장은 야간근무, 학교는 주간에 다닐 수 있었기에 변전소
로 직군을 변경했다. 그러다 당시에도 좋은 직장으로 꼽히던 한
전을 5년 만에 그만두었다. 그때가 1984년 대학 2학년 1학기가
끝날 무렵이었다. 공부를 하다 보니 공부에 대한 자신감과 장래
에 대한 더 큰 꿈이 생겨 공부에만 전념하기로 결단한 나머지 한
전에 사표를 제출했다. 이때부터 내 삶은 새로운 길로 접어들었
던 것 같다. 80년대 초 당시 대학가는 하루가 멀다하고 학내시위
가 잦았고 거리 투쟁에까지 이어졌다. 곳곳에 최루탄 가스가 난
무하는 일이 빈번했다. 나는 공부만 하겠다고 직장까지 그만둔

도둑맞은 교회

터라 밖에서 벌어지는 일들에 애써 무관심하려 했다. 그러나 그럴수록 내 속에 정의와 불의, 양심과 현실과의 괴리는 좁힐 수 없을 정도로 심한 고뇌와 갈등으로 심적인 고통이 멈추지 않았다. 더군다나 매주 예배드리는 1~3학년까지 채플 시간을 통해 건학이념인 진리와 봉사의 실천적 삶이 내 몸에 강화되어 갔다. 복음에 대한 확신과 함께 하나님 말씀에 대한 흡입력이 강력했던 터라 진리를 추구하고자 하는 의로운 분노는 내 마음을 더더욱 무겁게 했다. 그것은 곧 복음을 통한 시대적 사명으로의 새로운 부르심이라는 확신이 더해갔다. 계속된 나와의 씨름은 수년 더 이어졌다. 사는 게 중요한 게 아니라 어떻게 살아야 할 것인가? 에 대한 궁극적인 물음이 내면에 계속되었다. 그리고 마침내 이런 진통들은 89년 신대원이란 길로 인도했다. 그러나 이 길로 들어서자 부모님은 장남에 거는 기대가 완전히 무너져 청천벽력 같았는지 어느 해엔가 '너 하나 없는 것으로 여기겠다. 창피해서 마을을 다니지 못하겠다'라고 하실 정도로 당시를 회상해 보면 신학교 입학은 부모님의 마음을 무너지게 한 사건이 되고 말았다. 물론 그 뒤로 얼마 안 되어 부모님은 결국 신앙생활을 하게 되었고 아버님은 장로로 직분 받으시고 은퇴 후 고향에서 교회를 섬기다 2021년 3월 소천하셨고 어머니는 권사로 현재 신앙생활을 잘하고 계신다.

어느덧 신대원 졸업을 앞둔 당시 개척을 해야 하는데 막막했다. 개척할 비용이 없었기 때문이다. 이럴 때 오직 한 길이 있지 않던가? 수원의 칠보산 금식기도원에 개척할 수 있게 해달라고 장기 금식하러 들어갔다. 장기금식을 하는 분들은 알겠지만 나중에는 물 냄새가 나서 물도 마실 수 없어서 얼음으로 입을 적셔야 할 만큼 인간의 육성은 거의 다 소진되고 만다. 그런데 놀라운 것은 영적으로는 담대하고 새 힘이 솟는 것을 경험할 수 있다. 모든 예정된 금식을 마치고 고향 집에서 보식을 하는 중이었다. 그때 감리회 본부에는 7,000 교회 200만 신도운동본부가 가동되고 있었다. 그래서 담당자에게 내 입장을 그대로 밝히면서 개척하려고 하니 필요한 교회가 있으면 연결해 달라고 부탁을 드렸다.

그렇게 해서 연결된 곳이 서울 도봉지방 반석교회였다. 당시 그 교회가 설립 40주년 기념으로 삼남연회 감리교회가 없는 군 단위에 감리교회를 개척한다는 조건에 부합하여 내가 선발된 것이다. 결국 1994년 인구 6만 명이었던 전남 영광에 역사적인 첫 감리교회가 설립이 되었다. 영광읍 교촌리 304, 305—1대지 약 400여 평을 매입하여 40평 정도로 교회 건축이 시작된 것이다. 나는 그때 미혼으로 혈혈단신 신도회관이란 식당 집 방 한 칸을 얻어 생활하며 약 1년간 건축전부터 전 과정을 지켜보았다. 드디어 1994년 3월 21일. 영광반석교회라는 이름으로 기공 예배를 드리게 되었다. 돌담이 있는 옛날 집 그대로 툇마루도 있었고 밖에 천막을 치고 드린 예배였다[1]. 그리고 예배당이 건축되어 그해 11월 22일 감격스러운 창립 예배를 드린 이후 오늘에 이르렀다.

나아가 개척 후 몇 년이 지나 법성에 매각한 장로교회가 있어서 그 지역과 선교 전망을 파일로 만들어 서대문 지방에 요청하

---

1) [사진 1] 참조

였더니 그것이 받아들여져 두 번째 감리교회가 현재 서 있다. 영광반석교회를 개척하여 만 11년을 목회하는 동안 개척 초기에는 숱한 우여곡절도 많았다. 가장 황금기인 젊음과 열정을 다 쏟아 부었던 곳이라 해도 과언이 아니다. 예컨대 가장 많은 눈물과 수도 셀 수 없는 금식과 기도가 그곳에 뿌려진 곳이다. 어느 해엔가는 교회 높은 종탑을 고치고 내려오다 낙상하여 얼굴을 바닥에 찍힌 일, 차임벨에 얽힌 사연도 적지 않다. 새벽에 차임벨 울린다고 전선을 절단하는 사람, 협박 전화하는 사람, 동네 부인들이 몰려와 항의하는 일(그러나 고장 난 날 외에 새벽, 주일, 수요 한 번도 거르지 않음), 그런가 하면 술 중독자들과 목회를 해야 했던 곳, 반면에 교회 앞에 길이 넓게 뚫리게 해달라고 주보에 기록하여 기도했더니 지금은 교회 앞으로 길이 크게 뚫렸다, 또한 호남선교대회 때 태안지방 등 세 지방 관광버스가 예정에 없던 영광에 들러서 전도하게 되는 일, 마을 사람 대상으로 전도를 위해 무료 의료봉사 및 '산 넘어 남촌에는'을 부른 박재란 가수(권사) 초청 전도대회 때는 많은 사람이 운집하는 등등 희비가 교차했던 곳이다, 그러나 나중에는 안정이 되고 자립도 되던 과정에 임지를 옮기게 되었다.

현재는 지난 2016년 4대 담임자로 부임한 목사님이 오셔서 처음에 지어진 교회 건물[2] 뼈대는 그대로 두고 외관과 내부를 완전히 바꾸어 아주 훌륭하게 리모델링하여 질적으로 양적으로 성장하고 있고 외적으로 내적으로 산뜻하게 변화[3]가 되었다. 초대 담

---

2) [사진 2] 참조
3) [사진 3] 참조

[사진 2]
1994~2016년까지 모습

[사진 3] 2016년 리모델링 된
현재의 모습

임자로서 얼마나 감사한지 모르겠다.

앞으로도 하나님의 얼굴을 구하는 영광반석교회가 성령의 기름 부으심과 주 예수 그리스도의 복음의 능력으로 지역에 죽어가는 영혼들에게 구원의 등대요 영적 파수꾼으로써 건강하게 부흥하기를 두 손 모아 기도하고 축복한다.

도둑맞은 교회

졸음운전 졸음 예배

　　10여 년 전 서울에서 초등학교 다니던 장남이 치아 사이가 벌어져 있어서 치아교정을 해 주었다. 그로부터 매달 그 지정 치과에 가서 후속 치료를 지속적으로 받아왔다. 그날도 치료받기 위해 아들을 데리고 서울로 향했다. 서울로 향하는 고속도로를 운전하다 보니까 곳곳에 걸려있기를 누구도 예외라 할 것도 없이 운전자라면 모두가 주목해야 할 대형 현수막 내지는 표지판 등이 눈에 띄게 많이 들어온다. 그 내용도 운전자에게 충격요법을 주기에 매우 강렬한 문구들이었다.

　　예컨대 '시간이 아까우세요', '목숨이 아까우세요', '졸리면 제발 쉬어 가세요', '졸음운전은 자살 운전, 살인 운전', '겨우 졸음에 목숨을 거시겠습니까?', '졸음운전 목숨을 건 도박입니다', '졸면 죽고 쉬면 안전' 등 …

　　한국도로공사가 이처럼 최근 고속도로 곳곳에 경고형 현수막과 표지판을 내건 이유는 이해하고도 남음이 있다. 즉 그것은 그 당시 전후 5년간 연평균 180여 명이 졸음운전으로 인한 사망이라고 한다. 이 숫자는 전체 교통사고 사망자의 60%가 넘는다고 하니 심지어 음주운전이나 과속보다 훨씬 사망률이 높음을 말해준다. 특히 계절적으로는 나른해진 봄철에 가장 많이 발생한다고 한다. 위의 졸음운전 경고 문구 가운데 가장 관심을 끌도록 눈에 들어오는 문구가 있다. 그것은

'시간이 아까우세요, 목숨이 아까우세요'이다.

졸음이 오면 쉬었다 가야 하는 것이야말로 안전 운행의 필수임을 모르는 이 없다. 그럼에도 불구하고 그렇지 못하는 이유는 약속된 시간에 쫓기고 있거나 혹은 시간에 쫓기는 건 아니지만 캠페인 문구대로 시간이 아깝다고 여겨 그냥 좀 더 빨리 가고 싶은 유혹을 뿌리치지 못하기 때문이리라! 하지만 분명한 사실은 시간이 아까운 것보다 시간을 소중하게 만드는 생명이 훨씬 더 아깝지 아니하던가?

그런데 일상생활 속에서 사는 우리 자신을 가만히 들여다보면 부수적인 것들에 생명을 건 경우가 적지 않다. 우리 속담에 '빈대 잡으려다 초가삼간 태운다.'라는 말이 여기에 속할 것이다.

살아 있지 않다면 그 아깝게 여기는 시간이 무슨 소용이 있겠는가? 시간이 생명을 주관하지 못한다. 생명이 시간의 주인이다. 생명이 있기에 시간도 있다. 생명은 사명이고 시간은 선물이다.

시간이 많다고 반드시 효율성이 높다거나 생산성이 높은 것만은 아니다. 더러는 주어진 적은 시간이라도 값지고 알차게 쓰는 사람이 더 높은 효과를 낼 수 있다. 그런데도 시간이 아깝다고 졸음운전을 강행하면 아까운 생명도 그리고 시간도 모두 한꺼번에 잃고 만다.

왜 이런 일이 일어날까? 이는 그보다 더 가치 있는 생명이 아까움을 순간적으로 망각하는 운전 습관 때문이 아닐까?

그토록 수많은 자극적인 현수막을 걸어놓고 졸음운전의 위험성을 경고한 것을 보았건만 그날 진료를 마치고 아들을 태운 나는 서울에서 집으로 귀가하는 길에 운전하면서 생각해 보니 몇 번이나 순간적으로 깜박깜박 졸음 운전했는지 모른다. 무사해서 망정이지 참으로 생각해 보면 아찔한 순간이 아닐 수 없었다. 계속 운행 중인 자동차를 졸음 약간 온다고 멈추고 싶지 않은 게 대부분 운전자가 가진 평상시 운전 습관이 아닐까 본다.

그러면서 설교자로서 다시 회중과의 관계를 생각하게 되었다. 예배 때마다 졸고 있는 졸음예배자, 으레 어떤 사람은 예배 때마다 상습적으로(?) 눈 감고 있든지 아니면 졸든지 하기에 졸음예배자로 지목된 자가 있다. 예사롭게 여길 일이 아니다.

성경은 이들을 향해 다음과 같이 경고하고 있다. 잘 때 마귀는 가라지를 덧뿌린다(마13:25). 잘 때 시험에 빠지게 된다(눅22:46). 예컨대 바울이 설교할 때 졸음 예배로 죽은 자가 성경에도 나온다. 그가 유두고다(행20:9). 다행히 그는 다시 살림을 받긴 했지만 이런 유두고의 졸음 기적은 바울 당시로 끝나야 한다. 졸음 예배도 어떤 면에서는 졸음운전만큼이나 위험하다. 왜냐면 졸음 예배는 누군가를 시험에 빠지게 해서 기도하지 못하게 하며 또 영혼 안에 가라지가 나게 해서 결실을 방해하고 더 나아가 결국 귀한 생명을 빼앗아 가기 때문이다.

이런 점에서 내 생명을 눈동자처럼 보호하시는 운전사가 필요하다. 그분은 졸지도 않으실 뿐 아니라 주무시지도 않으시는 최고의 무사고 운전사이신 예수 그리스도이시다.

텃새와 철새

　　조류학자들은 새 종류에 따라 텃새와 철새로 분류한다. 우리나라의 경우 대표적인 텃새로는 참새, 까치, 꿩 등이 있고 여름 철새는 제비, 뻐꾸기 등이 있다. 또한 겨울 철새로는 흑두루미, 큰고니, 청둥오리들이 여기에 속한다. 이 가운데 제비는 단연 대표적인 여름 철새로 꼽힌다.

　　강남 갔던 제비가 여름이면 돌아와 사람 사는 처마 밑에 흙과 짚으로 둥지를 만들어서 종족을 번식한다. 알 속에서 부화한 새끼를 위해 곤충을 물고 와 먹여줄 때 노란 입을 크게 벌리고 먹이를 받아먹겠다는 새끼들을 유심히 보노라면 마치 그들 속에서의 생존경쟁을 보는 듯하다. 한편 제비는 기상예보로도 익히 알려진 새이다. 낮게 날면 비가 온다고 하는데, 이는 습기 때문에 몸이 무거워진 곤충을 잡아먹으려는 제비가 낮게 날기 때문이다.

어느 새보다도 그나마 한껏 사람과 친근한 제비가 오늘날에는 멸종 위기에 있다는 소식이다. 이는 사람이 뿌린 농약이 제비의 몸에 쌓여 알껍데기가 얇아지면서 부화하지 못하기 때문이란다. 그래도 제비는 철새지만 기다려지고 강남 갔더래도 다시 돌아오는 고마운 철새다.

이와 유사하게 어느 지역이든 그 마을이나 특정한 집단의 구성원으로 가장 오래 머무는 사람을 일컫는 말로 이른바 터줏대감이 있다. 이들은 의사 결정에 있어서도 최고의 실권자이기에 이들의 손을 거치지 않고서는 되는 일이 없다. 어느 면에서는 좋을 수도 있지만 악용되면 독선이 될 수도 있을 것이다. 토박이도 이와 비슷한 말이 되리라. 한곳에 정착하고 산다는 것은 일면 그 지역에 대해 누구보다 강한 애정과 애착을 가지고 있다고 볼 수 있겠지만 또 다른 면에서는 고립된 생각이나 그만큼 수용성이 부족하고 넓은 안목이 결여될 수 있다는 약점을 내포하고 있다.

나는 목사이기에 목회자 수업을 받기 전부터 지금까지 교회와 더불어 살아왔다. 그러기에 늘 교회를 관심하지 않을 수 없다. 나아가 한 교회를 섬기는 자로써 교인들 각각의 영적 상태에 관해 하루도 긴장을 늦추고 살 수 없는 사명이기에 오랜 무릎으로 살아야 한다. 그런 교회들 가운데 어떤 교인 중에는 마치 텃새나 터줏대감과 같이 안정감 있게 디딤돌이 되어 귀한 역할을 하는 이들이 있다. 그러나 반대로 부정적인 측면에서 안주하여 감히 그 영역을 누구도 끼어들 여지를 허락하지 않고 자신만의 아성을 쌓은 채 새로운 변화를 가로막는 걸림돌이 적지 않음도 본다.

도둑맞은 교회

이에 빗대어 나온 재미있는 유머가 있다. 새 중의 가장 강한 새는 텃새라나?

그런가 하면 직분의 욕심 때문에, 아니면 무슨 말 한마디 때문에 한곳에 정착하지 못하고 어느 때는 보였다 말았다 하며 오락가락하다 떠나는 철새 같은 교인도 있음을 어느 교회인들 예외일까 보다! 이럴 때면 교훈해 주는 새가 있다.

'강남 갔던 제비는 되돌아온다'는데…

이런 증상이 더 심해지고 확산되기 전에 누구랄 것도 없이 서로 사랑과 신뢰와 존중하는 마음을 가지고 좀 더 사려 깊고 무게감 있는 신앙이 한층 요구될 때이다.

사시사철 웃음꽃 피는 가정

　　　　　　한때 이름만 거명해도 알 수 있는 국내 재벌 총수들이나 유명 정치인, 그리고 인기 연예인에 이르기까지 스스로 목숨을 끊는 애석한 일들이 우리가 사는 조국 대한민국에서 줄지어 일어나는 것을 목도해 왔다. 그런가 하면 20세기 세계 남성들의 가슴을 설레게 했던 미국의 여배우 마릴린 먼로(1926-1962)는 그의 명성만큼이나 에피소드도 많이 남겼다. 그중에 당시 미국 대통령 케네디까지도 생일 파티에 마릴린 먼로가 와서 노래를 불렀을 때 "나는 이제 정치를 그만두어도 여한이 없다"고 말할 정도로 세계적인 최고 지도자의 마음을 사로잡을 수 있는 세계적인 매혹적 여인이었다. 그런 그녀가 36세의 젊은 나이에 다음과 같은 유서를 남기고 침대 위에서 마지막을 끝낼 줄은 아무도 몰랐다.

　"나는 돈, 미모, 매력 그리고 인기를 다 가지고 있기에 이 세상에서 가장 행복한 여자일 텐데 왜 이렇게 고독하고 슬플까?"

그럼에도 불구하고 사람들은 여전히 많이 소유하거나 높아지면 행복할 것이라고 착각하는 이들이 적지 않다. 게다가 무엇을 먹을까, 무엇을 입을까 어디에서 살까, 어떻게 하면 좀 더 편하게 살까, 내 자녀를 어떤 일류 학교를 보낼까? 등이 대부분 사람의 공통 관심사다.

이에 일찍이 러시아의 3대 문호였던 레오 톨스토이는 당시 부조리한 사회상을 『사람은 무엇으로 사는가?』, 『사람에게는 얼마만큼의 땅이 필요한가?』라는 작품을 통해서 오늘을 사는 우리에게 진정으로 필요한 것이 무엇인지를 충고해 주고 있다. 그것은 결국 사람은 사랑으로 산다는 것이요, 또한 사람이 탐욕에 갇혀 사는 한 그 탐욕은 열린 무덤과 같아서 만족할 수 없고 결국 그로 인해 귀중한 생명을 잃을 수 있다는 교훈을 담고 있다. 계속해서 그는 이렇게 말한다.

"모든 인간이 스스로를 걱정함으로써 살아갈 수 있다고 생각하는 것은 인간들의 착각일 뿐 진실로 인간은 오직 사랑에 의해 살아가는 것이다."

인도 콜카타에는 1952년 마더 테레사가 세운 '죽어가는 자를 위한 집'이 있다. 거리에서 죽어가는 사람들을 데려다 극진한 사랑으로 섬기게 되면서 죽어가던 사람이 다시 살아나는 데서 붙여진 이름이다. 어둠에서 빛으로, 죽음에서 생명으로, 절망에서 희망으로 바뀌게 된 곳이다. 무엇 때문일까? 바로 그들을 헌신적으로 섬긴 이들의 사랑 때문이다. 이처럼 사람은 많은 재산으로 사는 것이 아니라 사랑으로 산다는 것을 증명해 주는 살아있는 현장이다.

바로 이런 사랑이 가장 필요한 곳이 있다면 어디일까? 두말할 나위도 없이 가정이다. 집은 많으나 그에 따른 행복한 가정은 그 집만큼 비례하지 않는 것이 오늘의 우리의 현실이리라.

정작 행복한 가정은 돈이나 명예나 권력이나 인기나 탐욕이나 서로 간의 치열한 경쟁의 건축자재로 세우고 지어진 곳이 아니다. 무엇보다 오직 공경과 사랑과 순종으로 세워진 견고하고 오래도록 지탱해 갈 수 있는 보금자리요, 동시에 축복의 소식을 들을 수 있는 복음福音자리이다.

따라서 예외라 할 것도 없이 이 시대를 살아가는 우리 모든 가정에 필요한 성경적인 패러다임, 즉 부모와 자녀와의 관계는 공경과 순종으로, 남편과 아내 사이에는 사랑과 순종을 회복해야 한다, 이런 가정이야말로 밖에서 치열한 경쟁 구도 속에 지쳐 돌아왔을 때 사랑과 희생으로 위로와 평안이 넘치게 뿜어 나오는 가정이 될 것이요, 이해와 수용으로 기쁨이 뿜어 나와 사시사철 피어나는 웃음꽃 피는 가정이 될 것이다.

육교에서 횡단보도로의 변화

　　　오래전 대로변의 변화와 혁명 중의 하나가 있다. 그것은 지금은 거의 찾아보기 힘든 육교가 철거된 대신 횡단보도로의 교체이다. 육교는 지금보다 자동차 보유량이 많지 않았을 때도 보행자를 위해 안전이라는 차원에서는 성공적이고 획기적이었다고 할지 모르나 아래 사진에서처럼 저 높고 가파른 계단을 다리와 허리가 불편한 노약자, 장애인, 임산부 그리고 어린이가 오르내리기에는 고통스런 '장벽'이고 기피하는 시설물에 불과했다. 나아가 이를 무시하고 무단으로 건너다 발각되는 경우 때로는 범법자가 되거나 도리어 교통사고를 유발함으로써 부작용을 낳게 되어 어느 때부터인가 흉물로 여겨지기 시작했다. 이에 따라 지방자치 차원에서 이들을 대부분 철거하기 시작해서 지금은 거의 찾아보기 힘들다.

　　이렇듯 육교는 자동차 중심의 행정이었다, 반면에 횡단보도는 사람 중심의 행정이다. 이렇게 바뀌게 된 가장 근본적인 이유는 사람을 자동차보다 먼저라고 여긴 것이다. 육교가 있을 때 그 지점에서 자동차는 정지할 이유가 없다. 그러나 그 자리에 횡단보도가 설치되고 보행 신호등이 켜지면 사람이 먼저이고 모든 주행하던 차는 일단 정지해야 한다. 즉 사람 우선으로 바뀐 것이다. 군/관/민의 시대는 섬기는 공직 사회라기보다는 고압적이고 군림하는 쪽에 가까웠던 시대가 있었다. 그런데 어느 때부터인가 그 순서도 민/관/군으로 바뀌면서 다소나마 공직자들의 자세가 낮추어졌고 지금은 사회 각계각층에서 인권 절대우위의 시대에 살고 있다.

그렇다면 신앙의 차원은 어떤가? 제도용 컴퍼스로 정확한 원을 그리려면 컴퍼스의 중심축이 흔들리지 않게 중심을 잘 잡은 후 그려야 한다. 예수님을 잘 그려내는데도 같은 원리가 아닐까? 그러기 위해서는 하나님 중심인가 사람 중심인가? 인간적인 정과 욕심인가? 십자가에 복종시킨 삶인가?를 먼저 물어야 한다.

그리고 이에 대한 참 신앙은 분명하다. 이 둘을 융합하는 것이 아니다. 어정쩡한 신앙은 지양止揚해야 한다. 진정한 신앙은 회색지대가 없다. 시대 유행을 좇아 물타기 하지도 않는다. 도리어 사람 중심도 인간적인 정情 중심도 거부한다. 육교에서 횡단보도로의 변화가 수평적인 인간 중심이었다면, 참 신앙은 여기서 더 나아가 새로운 차원의 변화, 즉 수직적인 하나님 중심으로의 변화이다. 오늘날 문제는 지나치게 인간 평등, 인권의 상대적인 차원, 수평적인 차원을 극대화한 나머지 유대적인 근거, 즉 하나님과의 수직적인 관계, 절대 진리를 훼손하고 깨트리고 있다는 점에서 우려스럽다.

그러므로 오직 절대 진리에 자신의 생명까지 온몸으로 내주신 예수 중심의 삶을 회복해야 역차별을 막을 수 있고, 원칙과 기준이 무너지지 않은 절대 진리를 통해 사회 혼란을 막을 수 있을 것이다.

사람 위주의 횡단보도

차량 위주의 육교

신앙에도 매너가 있다

매너(manner)란 ① 방식 ② 예의범절 ③ 태도 ④ 습관이란 우리말의 영어이다.

운동경기를 보노라면 매너 좋은 선수가 있는가 하면 비신사적인 매너로 경고(옐로카드) 내지는 퇴장(레드카드) 명령을 받는 예를 볼 수 있다. 더 나아가 중징계를 받아 출장정지는 물론 벌금까지 물게 되는 경우가 있다. 세계적인 축구 선수 가운데 우루과이의 축구 스타 수아레스 하면 떠오르는 게 있다. 그에게는 '핵 이빨'이라는 불명예스러운 별명이 붙어 있다. 그 이유는 종종 그가 이런 비신사적 행위를 해왔기 때문이다.

그는 상대 선수를 물었다가 벌금 처분받은 오명을 갖고 있다. 지난 2014년 브라질 월드컵 이탈리아 전 때도 수비수 조르조 키엘리니의 왼쪽 어깨를 깨물었으나 주심은 이 장면을 간과해 버렸다. 그러나 이후 국제축구연맹(FIFA)으로부터 벌금 10만 스위스

프랑(약 1억 1,350만 원)을 물어야 했고 A매치 9경기 출전 정지와 4개월 동안 선수 자격 정지의 중징계를 받았다.

이와 똑같은 반칙은 아니라지만 국내 프로축구 경기에서도 얼마 전 상대방 선수와 볼을 경합하는 과정에서 심한 몸싸움을 하다 넘어졌던 선수가 일어나 함께 걷던 그 선수 얼굴을 주먹으로 가격하는 일이 발생했다. 결국 반칙한 선수는 즉시 퇴장 명령을 받았다. 그뿐만이 아니다. 이 선수에게 계속된 징계는 국가대표 선수에서도 탈락하였고, 2,000만 원의 벌금, 이후 총 8게임의 출전금지, 그리고 84시간의 사회봉사 명령이 주어졌다. 룰을 지켜야 하는데 매너 없는 반칙에 따른 혹독한 징계이다.

이와 다르긴 하지만 고급 음식일수록 아무렇게나 먹지 않고 식사 매너, 즉 에티켓이 있다. 자동차를 탈 때도 상석이 있다. 예컨대 운전자가 따로 있을 경우 제1 상석 조수석 뒷좌석, 제2 상석 운전석 뒤, 제3 상석은 운전자 옆 좌석이다. 또 운전자 자신이 가장 상석으로 자가 운전할 때 제1 상석은 옆 좌석, 제2는 운전자 뒤, 제3은 조수석 뒤이다. 반면 자가 운전자보다 상석자가 있을 경우 제1 상석 운전자 옆, 제2는 조수석 뒤, 제3은 운전석 뒤에 앉는 게 예의이다. 예식이 있는 모임에 갈 때의 옷맵시 역시 정장으로 차려입고 가는 것이 그 예식의 올바른 매너이다.

이처럼 때와 장소에 따라 자신의 몸가짐에 대한 매너를 갖춰야 할 때가 있다.

이는 신앙생활에 있어서도 예외가 아니다. 그래서 매너는 스펙보다도 우선한다. 덕승재(德勝才: 덕이 재주보다 앞선다)라는 말이 있지 않던가? 신앙생활도 바울이 디모데에게 편지한 것처럼 경기하는 것과 같다. 즉 신앙생활도 페어플레이 정신으로 임해야 한다는 것이다. 내 마음에 안 든다고 반칙을 범하면서 한편으로 코스프레한다면 꼴사나워 보인다. 사나운 동물이 물어뜯는다면 사나운 사람은 헐뜯는 것이 비슷하다.

그런데 이런 오점을 한번 잘못 남기게 되면 그 습성이 주기적으로 재발하기 십상이다. 이런 일탈 행위를 뼈아프게 여기고 끊지 않는 한 불행하게도 두고두고 마치 유전병처럼 흘러 내려감으로써 피차 또는 공동체가 불행하다. 이것은 비생산적인 소비로 소모적일 뿐이다. 경기로 말하자면 자책골이나 다름없다. 그 상대가 마귀와의 싸움이라고 생각해 보라! 소름끼치는 일이다. 하나님이 심판관이니 보고 계시다는 사실을 염두에 두어야 하리라. 심지어 지나고 나도 마치 운동경기에서 VAR 판독에 들어가서 어떤 선수는 받은 상도 취소가 되거나 기록도 실격 처리되며 나아가 징계 조치까지 내려진다는 사실을 잊지 말아야 한다.

두렵건대 함부로 교회에서까지 아무에게나 대들고 비신사적 매너를 계속하는 한 운동장에서 뛰던 선수가 경고 카드나 퇴장 카드를 받는 것처럼 그런 날이 올지 모를 일이다.

교회도 범죄경력증명서 요구 시대

　　지난 2022년 예장 통합은 107차 총회에서 목사고시와 임직 청원 시 교회 자정 능력을 위해 범죄경력증명서를 제출토록 하되 1년 동안 검토하기로 하는 헌(건)의안을 채택했다. 는 소식이다. 이같은 일은 감리교회도 새삼스러운 게 아니다. 언젠가 어느 감리교회 담임자 청빙 시에도 제출서류 중에 종종 이런 내용이 기재되어 있는 경우를 본 적이 있다. 교회라고 사회법에 저촉되지 않은 사람들만 오라는 법은 없다. 하지만 교회 리더가 되려고 한다면 교회 구성원이 공감할 수 있는 기준에 부합해야 한다. 우선 스스로 자기를 살필 줄 아는 건강한 자아상을 갖추어야 할 것이고 나아가 하나님 앞에 심사를 받는다는 마음으로 엄격한 잣대를 대는 것에 대해 숨김없이 검증을 받은 자라야 한다. 그리고 최소한 범죄한 사실이 있다면 고시일 또는 청빙 심사받는 그 시점에 이르러서 지난날의 처리되지 않은 죄의 연속선상에 있지 않은 사람이라는 교회 구성원들의 합의가 필요하다고 본다.

그럼에도 불구하고 이런 증명서를 요구할 수밖에 없는 지경에 이르렀다는 현실을 안타까워하며 수용하면서도 기왕 수용해야 하는 거라면 한 가지 분명하게 해야 할 게 있다. 그것은 사회 범죄경력에는 조회해도 나타나지 않으나 통합 측은 물론 감리교회의 경우 범과와 징계를 분명히 규정하고 있으면서도 갈수록 형해화形骸化로 유명무실해 가는 다음과 같은 문제의 소지가 있는 두 가지 딜레마가 반드시 선결되어야 한다.

첫째, 범죄경력증명의 내용상의 문제다. 여기에 해당하는 범과가 다양할 것이다. 그런데 그중에 가정과 결혼의 신성함을 무너뜨리고 인류의 보편적 가치마저 부정하는 반성경적인 문제를 안고 있는 심각한 동성애 주의자를 범죄경력에 요구할 수 없다는 현실적 한계에 대한 깊은 우려이다. 이 문제만을 놓고 볼 때 공식적으로 교단 차원에서 분명히 죄로 규정해 놓은 것에 대해 교훈과 책벌이 선행되지 않은 단순히 일반적인 민사나 형사상의 범죄만을 걸러내는 범죄경력 조회만으로 그친다면 얼마나 실효성이 있겠는가? 하는 의문이다.

왜냐면 한순간 실수하여 범죄경력을 가진 일반 범죄는 그 한 사람에 국한하지만 정치 세력화한 동성애 주의자들의 특징 중에 하나가 성경에서 죄로 여기는 동성애를 죄로 고백하기는커녕 부정하기 때문에 심각하다. 따라서 이런 자들이 목회를 하거나 교사를 하거나 또는 임원이 되는 경우 자신은 물론 그로 인해 불특정 다수의 사람이 친 동성애에 알게 모르게 학습될 수밖에 없다는 사실을 이 증명서가 담아낼 수 없다는 한계성이다.

둘째, 현재 이 나라의 일부 정서에 불과한 성적 취향 내지는 성적 지향, 양성평등 용어를 성평등으로 바꾸려는 젠더 등을 인정해야 한다는 극단적인 성 소수자들의 강경한 주장에 대해 단호하지 못한 교단장들의 무관심과 우유부단한 자세가 더 큰 문제로 지적되고 있다. 실제 이런 주장을 하는 이들이 약자 프레임으로 오히려 강자가 되어 이미 누리고 있는 현실이다. 급기야 이들은 정치 세력화하여 집단 카르텔까지 조직하여 대중을 선동하는 퍼레이드를 쉬지 않고 있다. 그런 이들의 집단 공세에 밀려 정치권에서 손을 들어주는 사례 또한 적지 않다. 이를테면 국가인권위원회나 이들을 지지하는 강성 국회의원들, 나아가 지난 시청광장에서 열린 퀴어 집회 때 일부 대사들의 외교적인 압박들이 그것이다. 이런 도전 속에서 한국교회만이라도 성경을 수호하기 위해 단호히 거부하고 이 민족 온 교단이 연대하여 하나 된 목소리를 낼 수 있겠는가? 이다. 이런 것이 포함되지 않는 범죄경력 증명서는 교회를 지키기에는 역부족이다.

그렇다면 앞으로 이미 서구에서는 실패로 끝난 문화 마르크시즘의 유행 앞에 어떤 대처가 필요할까?

그것은 성경을 수호하기 위한 각 교단의 연대 의식이다. 이에 가장 중심에 서 있는 교단장의 책임 있는 행동이 필수적이다. 즉, 각 교단 구성원들이 합의하여 만든 제도적인 헌법, 교리와 장정에 적시한 대로 그 교단법을 실행할 단호한 의지를 견지해야만 한다. 그리하여 정부의 과도한 종교탄압에 맞설 수 있고, 세계적인 트렌드라고 하여 그럴싸하게 포장한 세속적 인본주의로 흘러

가는 문화 마르크시즘을 돌파하려면 이런 미혹의 영에 속지 말아
야 한다.

그리고 성경을 수호할 개인적인 순교적 신앙의 각오가 그 어느
때보다 절실할 때가 아닌가 싶다.

지장智將, 용장勇將, 덕장德將 그리고 영장靈將

손자병법을 쓴 "손무孫武"는 장수를 세 부류로 나눈다. 용장勇將, 지장智將, 그리고 덕장德將이다.

'용장'은 항상 "나를 따르라!" 하는 리더십으로 능력이 출중하고 두둑한 뱃심을 가진 용맹과 강한 리더십으로 군사들을 선두에서 이끌어 가는 카리스마를 가진 지도력이다(예: 장비).

'지장'은 싸움에 있어서 대처할 상황을 파악하고 예측 분석하여 전략을 세우는 전략가라고 할 수 있다(예: 제갈량).

그런가 하면 '덕장'은 많은 사람을 따르게 하는 따뜻하고 부드러운 이미지 소유자로서 그 덕성에 감동되어 지장과 용장들을 우군으로 삼을 만큼 존경받는 지도력을 가진 자에 해당한다(예: 유비).

우리나라에서 이 세 가지 모두의 리더십에 걸맞은 역사적인 인물을 꼽으라 한다면 성웅聖雄 충무공을 떠올릴 수 있다. 그런데 '난중일기' 자료에 의하면 이순신 장군은 훌륭한 덕장이지만 엄격한 원칙을 가진 덕장으로 알려져 있다. 전라 좌수사 부임 시절 지위 고하를 막론하고 임무 수행에 나태한 자, 군율 어긴 자는 최고 형벌을 내릴 정도로 단호했다는 점에서 그렇다. 예컨대 민가의 개를 훔쳐 잡아먹은 군졸에게는 80대의 곤장형을 내렸고, 탈영병 같은 중죄인은 참수형斬首刑에 처했다. 심지어 절대적 열세에 몰려 단 한 명의 병력이 아쉬운 상황에서도 만약 군령을 어기면 즉각 군법으로 다스리겠다고 호령할 정도의 숫자에 연연하지 않고 엄격한 리더십으로 다스렸다. 이렇게 훈련된 조선이었기에 수군은 강했고, 실전에서 거듭거듭 연전연승의 신화를 일궈 낼 수 있었다.

일반적으로 용장은 지장을 이기지 못하고 지장은 덕장을 이기지 못한다고 말한다. 그런데 이 모든 것 위에 한 가지 더 필요한 리더십이 있다. 이를 세상의 경영학이나 군사학에서는 안중에도 없기에 무시할 수 있는 보이지 않는 힘이다. 그것은 무엇일까? 일컬어 영장靈將이라고 부른다. 즉 영적 장수다. 보이는 싸움만이 전부가 아니라 보이지 않는 싸움이 있다는 사실이다. 이에 승리하기 위해서는 성령의 강력한 기름 부으심으로 인한 하나님의 주권적 섭리를 믿는 그 능력의 인도하심을 받아야 한다.

이러한 통전적인 지도자로서 모세와 여호수아, 그리고 다윗이야말로 용장과 지장, 그리고 덕장의 지도자임은 물론 여기에 영

도둑맞은 교회

장을 두루 갖춘 지도자라고 할 수 있다.

아무리 미래학자들이 제 4차 산업혁명이니 인공지능(AI)이니 로봇공학이니 하는 핫이슈로 최첨단 지식시장을 달구고 있다고 하지만 사회과학적 예측은 영원하지 않고 종종 수정이 필요하다는 점에서 절대화할 수 없다.

따라서 주님의 통치를 인정하지 않는 그 어떤 지장도, 용장도, 덕장도 무너지게 됨을 아는 것이 이 시대 우리가 붙들어야 할 지혜다. 이것을 알고 인정할 줄 아는 겸손한 자가 진정한 용장이요 덕장이다. 최근 입만 열면 세상의 트렌드가 줄을 잇는다. 예컨대 인간 우선의 인권, 평등, 차별, 성 혁명, 동성애, 소아성애, 인간 진화, 기존 남녀 양성이 아닌 사회학적 젠더, 퀴어 등의 용어 전략이다. 이런 이슈들이 표면화되면서 가치관 혼란으로 인한 사회적 갈등을 부추기고 있다.

이러한 것들은 모두 한가지 공통분모가 있다. 그것은 바로 하나님의 존재를 거부하고 절대 진리를 부정함으로써 인간의 자유를 극대화한다는 점이다. 결론적으로 이들은 21세기형 바벨탑 교훈을 연상케 하는 인류 파멸의 문화 마르크시즘이라는 무서운 사단의 위장 전술임을 잊지 말아야 한다.

현 상황이 이러함에도 불구하고 안타까운 것은 오늘날 우리 한국 사회의 가장 큰 문제점 중의 하나가 존경하고 따를만한 정신적인 지도자를 선뜻 떠올릴 수 없다는 점이다. 너무 양극단으로 치우쳐 있기에 국민 공감대를 얻기에는 턱없이 부족하다. 구한 말에서 일제강점기 동안의 친일인가, 극일인가? 의 갈등을 비롯하여 분단 이후 끊임없는 체제논쟁, 이념논쟁의 뿌리 깊은 골은 여전하다. 더 나아가 이를 노려 겉으로는 국민주권을 표방하면서 실제로는 그 사이에서 반사이익을 챙기려는 정치인들의 갈라치기에 절대다수 국민은 식상할 뿐이다.

따라서 이제라도 지난 수년간 갈기갈기 찢기어진 이 민족의 마음을 하나로 봉합하고 치유하는 지도자 — 하나님께 합한 자 — 를 위해 온 국민이 마음으로 우러르고 추앙할만한 위대한 덕성과 함께 비대칭 전략을 갖춘 영장이 나오는 대한민국이 되도록 주님 앞에 겸손히 무릎 꿇어 구해야 할 때이다.

진리가 주는 자유를
무너뜨리는 위험한 시대

　　　　앞으로 세계는 AI와 메타버스 시대를 예고하
고 있다. AI는 인공 지능(Artificial Intelligence, 人工知能)이란 뜻으로
사고나 학습 등 인간이 가진 지적 능력을 갖추고 컴퓨터를 통해
구현하는 기술이다. 이로써 실제 사람까지 복제하는 데까지 나
아가게 된다. 예컨대 사랑하는 사람을 잃었으나 AI는 그가 실제
인간의 삶 속으로 들어와 완벽하게 살아있는 사람처럼 행동하고
활동하는 기술을 연출해 내는 것을 말한다. 이러다가는 이런 일
이 곧 일상화되는 시대가 올지 모른다.

　　게다가 메타버스(metaverse)는 가상, 초월을 의미하는 '메타
(meta)'라는 단어와 우주라는 뜻, '유니버스(universe)'의 합성어로
써 '확장 가상 세계'를 의미한다. 이 용어는 일찍이 닐 스티븐슨의
소설 '스노 크래시(1992년 출간)'에서 가장 먼저 사용한 것으로 알
려져 있다. 이는 3차원에서 실제 생활과 법적으로 인정한 활동인
직업, 금융, 학습 등 이외에도 여러 영역에서 디지털 기반의 가상

세계로 확장한 가상공간에서 모든 활동을 재현하는 시스템을 일컫는다. 가상화폐라는 말은 이미 회자된 지 오래다. 기존의 화폐가 없어지고 이른바 비트코인(BTC) 리플(XRP), 도지코인(DOGE)이 통용되는 시대를 말하기도 한다.

대한민국뿐 아니라 지구촌 대부분이 DMB(Digital, Multimedia Broadcasting)의 시대로 손안에 온 세계를 담고 다닐 수 있을 만큼 일상화되었다. 급기야는 하나님을 의지하고 구하고 찾기보다는 훨씬 더 손쉽게 찾고 궁금증을 풀어줄 수 있는 기가 막힌 문명의 이기를 보유하고 여기에서 웬만한 문제는 해결할 수 있는 쾌감을 즐기며 살아간다. 일기예보를 기상청에 문의하지 않아도 1주일분 기상예보를 이 DMB에 의존한다. 더 이상 하늘을 보고 걱정할 일도 없다. 그러나 과학은 과학이다. 지난 8/5~8/6 우리 교회 여름 캠프를 앞두고 여러 기도 제목을 제시한 후 한 달 가까이 기도했다. 그 가운데 첫 번째 기도 제목이 '행사 진행하는데 가장 적합한 날씨를 위해' 기도 제목이 있었다. 물론 일기예보를 보고 시간표를 짠 것도 아니다. 그런데 그날 비 예보가 되어 있었나 보다. 실제 행사 당일 새벽에 비가 왔으나 행사 시작하는 시간 몇 시간 전에 비는 그쳤고 행사 내내 무더운 여름 피크 기간이었음에도 불구하고 기도한 대로 가장 적합한 날씨를 하나님이 주셔서 잘 마칠 수 있었다. 과학의 영역이 하나님의 주권적인 영역을 넘어설 수 없다는 사실의 한 반증을 경험했다.

요즘은 농사나 과수원도 컴퓨터 농법으로 짓는다고 한다. 그렇다고 하늘 주관하시는 하나님의 은혜를 힘입지 않고 뭐든 할 수 있다고 하면 이거야말로 교만이요, 큰 착각이다. 더군다나 비

도둑맞은 교회

혼 시대라고 하는 기형적인 요즘, 결혼도 않고 아기도 낳아 기르지 않고 자기 계발이니 자유를 주장하면서 출산도 거부하고 병원을 찾아 체외수정을 불사하는 풍조도 없지 않다. AI 시대의 비윤리적 폐해인 복제 인간도 가능하다고 보는 급격한 변화의 시대만큼 위기의 시대다.

이뿐만이 아니다. 우리나라의 경우 언제부터인가 전국이 온통 먹자판 문화로 들끓고 있다. '요즘은 네이버로 장사한다'라는 말을 하는 시대다. 왜냐면 전국의 어느 지역, 어느 음식점, 어느 펜션이 유명하고 선호도가 높은지 스마트 폰 하나면 해결되기 때문이다. 좋다는 곳이 있으면 그 지역으로 가는 거리가 아무리 멀어도 공휴일이나 휴가철이면 길거리가 온통 주차장으로 돌변해 버리고 만다. 코비드 19가 무색할 정도다. 즐기는 소비 문화, 퇴폐 문화, 술 문화, 사행성 문화가 우리 젊은이들에게 깊숙이 침투해 있다. 대한민국은 세계에서 최고급 위스키를 가장 많이 수입하는 나라로 알려져 있다.

로마의 타락 중에 하나로 꼽는 지나친 사우나 문화는 또 어떤가? 전통적인 오래된 동네 목욕탕은 겨우 유지하거나 영업 유지가 힘들어 폐업된 지 오래다. 그러나 초호화판 24시간 사우나는 문전성시다. 무엇보다 현재 사회 큰 문제 중의 하나는 지식층, 정계 특히 젊은 층에 포스트모던의 악영향으로 죄를 죄로 여기지 않는 동성애와 성전환자들이 유럽과 다름없이 늘어가고 있다는 점이다. 이를 조장하는 현 사회 제도의 결정적인 해악은 청소년들과 청년들에게 민감한 방송 연예계에마저 이런 방송을 여과 없이 내보내고 있다는 사실이다. 걸핏하면 학교에서 성폭력, 도를 넘은 성교육 문제가 갈수록 심각하다.

국민 갈등과 분열도 빼놓을 수 없다. 베이비 붐 세대인 기성세대와 이른바 MZ라고 부르는 20—30세대 간의 간극은 좁히기 힘들 만큼 생각과 생활방식 자체가 너무 상극이다. 게다가 갈수록 곳곳에 옳은 쪽이 아닌 세대 간, 계층 간, 성별 간, 과거 역사 해석상, 북한 체제 해석 간 등 오른쪽과 왼쪽으로 너무나 극명하게 갈라져 가는 세상이다.

이 모든 다원화된 사회의 복합적 요인이 어디에서 왔는지 하나로 단정하기는 쉽지 않다. 하지만 중요한 사실 그것은 세상 문화가 하나님의 절대 진리를 거역하고 인간의 교만과 그들의 뛰어난 두뇌로 인한 최첨단의 과학 문명이 하나님의 주권 위에 군림하고 절대 진리에 도전하려는 데 있다. 다른 말로 스스로 자유 하고자 하는 그 자유로 진리가 주는 자유를 파괴하는 위험한 일을 거침없이 자행하고 있다는 뜻이다.

그러므로 앞으로 우리 민족이 사는 길은 오직 한 길밖에 없다. 속히 진리를 떠난 반성경적인 세력들을 비롯해 이 세상의 과학 지상주의를 표방하는 테크노피아 휴머니스트들이 진리이신 주님께로 온전히 돌아와야 만이 진정 사는 길이다(호6:1, 암5:6). 그때 인간의 교만은 끝나고 하나님의 긍휼은 다시 임하게 될 것이다(사55:6~8).

도둑맞은 교회

감신대에서 열린 저력 있는 큰 행사

어떤 일을 꾸준히 지속한다는 것은 가히 쉬운 게 아니다. 예컨대 그 일을 기획하고 누군가를 매달 그 행사 콘텐츠에 충족한 강사로 섭외해야 하고, 여기에 사람이 동원되도록 하기까지 총체적인 시나리오를 구상하여 시행하는 일을 본의 아니게 지난 3년여 동안 섬겨왔다. 그 행사가 바로 지난해 감리교신학대학교 중강당에서 열린 감리회거룩성회복기도회 & 세미나이다. '감리회거룩성회복협의회(이하 감거협)'가 시작한 행사다. 감리교회 목회자 중심으로 결성된 모임이다. 창립 동기는 지난 3년 전 감리교회 안에 성경을 왜곡하고 감리회 교리와 장정에 범과로 규정하는 동성애 찬성과 옹호자들의 빗나간 집단행동을 접하면서부터다.

횟수를 거듭해 오면서 특별히 이번 행사는 여느 때보다 우리 모임의 실행위원들이 그 전 달 회의에서 결정하기를 최대한 많은 인원이 참석하자는 뜻을 모아 준비해 왔다. 감신대 중강당 규모가 만석일 경우 180석이었다. 이에 100~150명 목표로 잡고 우선 이를 위해 실행위원들 각각 동원할 명단을 사전 등록을 받아 제출토록 의무화했다. 대상은 목회자는 물론 모든 평신도를 망라한 역대 행사 중 가장 규모가 큰 행사로 기획하였다, 몇몇 준비위원들이 행사장인 감신대 중강당을 1주일 전 답사하여 시설을 점검하였다. 중식 장소는 교내 학생 식당으로 선정했다. 100명을 목표로 식사 인원을 세팅했다. 주차권도 30매를 예약했다. 강사는 일찌감치 두 분 ― 길원평 석좌교수(한동대)와 정소영 미국 변호사(세인폴 아카데미 대표) ― 를 선정했다. 1부 설교로는 감신대에서 열리는 만큼 지난해 강사로 모신 적이 있었던 이후정 총장(감신대)으로 낙점했다. 특별히 교계와 나라의 심각한 현안인 포괄적 차별금지법에 대한 정치계의 동향을 파악하기 위해 국민의 힘 윤상현 의원을 초청하여 당의 입장 내지는 본인의 개인적인 입장을 피력해주기를 요청했다. 그리고 모든 기도 순서자 들을 맨투맨으로 연락하여 기도 시간과 기도 내용을 사전에 문서로 전해 주었다.

모든 행사 순서는 오전 10시 50분 1부 예배를 시작으로 오후 1시에 끝나는 2시간 10분짜리 매뉴얼을 만들었다. 그리고 그 안에 각각 세부적인 순서는 다시 디테일하게 시간 배정을 하여 임사자들에게 일정 시간 초과하지 않도록 몇 번씩 주지시켰다.

예컨대 설교는 15분 이내, 격려사 및 의원의 차별금지법 입장은 3분 이내, 세미나 강사는 각각 15분, 40분, 그리고 합심 기도회 마무리 기도자 여섯 분은 각각 2분 이내 등 총 25분을 배정하였다.

도둑맞은 교회

이렇게 치밀하게 준비한 결과 당초 예상했던 참석인원을 초과한 사전등록자만 140명을 넘어섰다. 그러다 보니 100명의 식당은 이미 예약한 터라 추가로 도시락을 40명을 주문해야만 했다. 그리고 당일 사전 등록하지 않는 분들까지 합하게 됨으로써 중강당은 거의 빈자리가 없으리만치 붐볐다. 주차권도 30매에서 40매로 추가 주문했다. 전체 끝나는 시간도 오히려 예정보다 15분이나 앞당겨 마쳤다. 퀄리티 있는 행사가 되려면 제시간에 마치는 것이 필요하다고 생각했기 때문이다. 이를 취재하는 교계 방송 언론사도 CTS를 비롯한 국민일보, 하야 방송, 크리스천 투데이, 기독일보, 교회연합신문, 모닝포커스 등 다수가 취재하였다. 특히 이번 행사에는 한국기독교장로회 동성애 반대 대책위원회 임원들 세 분도 참석하는 등 타 교단 목회자 및 평신도 등이 함께하는 뜻깊은 행사로 치러졌다.

사실 우리 모임은 출발부터 감리회 본부에 속한 단체가 아니기에 어떤 재정적 지원을 받을 수가 없다. 하지만 감사한 것은 우리 위원들 스스로 자발적인 후원금 내지는 우리 모임을 초청하는 교회에서 일체의 비용을 부담하는 행사로 지금까지 한 번도 부족함이 없이 하나님의 은혜로 필요 이상으로 채워지고 있기에 계속해 오고 있다. 이번 같은 경우는 교회가 아닌 학교이기에 일체의 비용을 우리 스스로가 마련해야만 하는 행사였다. 더욱이 예전보다 수배의 인원이 참석하기에 예상 지출 비용 역시도 수배가 되어 재정확보도 마련해야 할 상황이었다. 그런데 그 비용 역시 채워지고도 남음이 있었다.

2부 세미나를 경청하고 있는 참가자들

3부 통성기도 시간

지금까지 이 일을 하면서 늘 느끼는 것은 이거다. 누구나 할 수 있는 일은 아닌 이 일, 그러다 보니 더러 일하다 힘들 때가 있다. 그것은 일이 힘들어서가 아니라 뒷짐 지고 침묵하며 관망만 하는 교회들에 대한 인간적인 야속함과 무관심 때문이다. 그러나 스스로 격려하기를 누군가가 아니면 안 되는 해야 할 일 — 인기 없는 일, 이름도 나지 않고 폼나지도 않는 자리, 시간과 물질을 투

도둑맞은 교회

자해야만 하는 일 — 이라고 여기기에 지난 2년을 한결같은 마음으로 달려왔다. 여기까지 올 수 있었던 그 모든 것은 단 하나, 어떤 상황이 온다 할지라도 내 생명의 근원이신 주 예수 그리스도, 복음에 내 생명을 걸겠다는 거역할 수 없는 사명 — 매 순간 성령의 강권하심 — 때문이다.

차별과 차이

태초에 하나님의 형상으로 지음 받은 인간은 창조 시에 남자와 여자로 창조되었음을 성경은 명확하게 제시한다. 다시 말해 선천적으로 인간은 남자의 성, 여자의 성으로 존엄하게 구분되었다는 게 불변의 진리다. 따라서 그 외 제3의 성은 아예 언급하지 않고 있기에 존재하지도 않는다. 굳이 주장한다면 인본주의적 자의적인 해석에 지나지 않는다. 그런데 최근 제3의 성, 예컨대 젠더라는 기괴한 용어 프레임으로 성 혁명을 주장하는 자들이 있다. 이른바 문화 마르크시즘이다. 이들은 다양한 문화 콘텐츠를 포스트모던화하여 기존의 보편적인 가치를 변형 내지는 파괴하는 시도를 멈추지 않는다. 결국 이들은 인간의 고유한 성을 거부하고 성 윤리 해체 단계까지 와 있다. 이와 같은 일에 주도적인 일부 인본주의적인 유행 신학자들이나 사회학자들이 여기서 끝나지 않고 이런 혼돈된 사회 이슈를 가지고 이제는 정치세력화하고 있다.

도둑맞은 교회

이를테면 동성애 옹호론자들을 보자. 이들이 가장 전면에 내거는 용어 전략 중의 대표적인 이슈가 '차별'이다. 언뜻 보기에는 누구든지 차별이라는 용어를 떠올릴 때 부정적인 개념으로 인식한다. 즉 '차별하거나 차별받는 것은 좋지 않다. 차별은 잘못된 것이다.'라는 공감대를 전략적으로 이용한다. 결국 이런 점을 쟁점화하여 동성애들은 스스로를 성소수자로 규정한 약자 프레임과 함께 차별이라는 용어를 조합한 '성소수자를 차별하지 말라.'를 전략적 도구로 삼아 대중화에 열을 올린다. 그리고 자신들을 공격하는 모든 세력 — 특히 주로 정통 기독교 — 에 대해 차별하고 혐오한다는 프레임을 씌워 신랄하게 매도한다.

이런 선동이 최근에는 정치세력화 물밑 작업까지 미쳐서 급기야 국민의 의사를 존중해야 할 국회에서 차별금지법 제정을 강행하려는 움직임을 보이고 있다.

이런 일부 동성애자들의 극단적으로 은닉된 내용을 간과한 채 국회가 도리어 그들 소수자를 옹호한다면서 반성경적이기에 이를 반대하는 교회를 탄압하고 막대한 벌금을 추징하는 내용을 담은 그런 차별금지법 제정 강행 움직임은 국민위화감과 분열을 재촉할 뿐이다. 왜냐하면 차별금지라는 이름으로 차별을 더욱 조장하는 법의 형평성에도 어긋나는 악법이요, 자기모순이기 때문이다. 소위 '금지하는 것을 금지하라, 자유의 이름으로 자유를 파괴하라.'라는 기조를 담고 있다.

어제 열린 제21차 감거협 기도회 및 2부 세미나 강사였던 곽혜

원 박사(21세기 교회와 신학 포럼 대표, 독일 튀빙엔대학 박사)는 이 점을 우려하면서 차별금지법 법제화를 막아야 할 가장 근본적인 이유를 이렇게 설명한다. '동성애자들의 주장을 신학화한 퀴어 신학은 성 윤리 해체 — 가정 해체 — 기독교 해체를 넘어 교회 해체, 그리고 최종적으로 이들은 정통신학을 대체할 성경을 해체하는 주장까지를 서슴지 않기 때문이다. 라고 역설한다.

이런 점에서 차별과 차이는 반드시 구분되어야 한다. 그렇다면 이 둘의 구별은 무엇일까? 하나님이 사람을 창조 시 남자와 여자라는 성을 차별한 게 아니고 성의 차이를 구별하여 지으셨다. 따라서 이 두 성을 인정하지 않고 남성우위, 여성우위와 같이 한쪽을 우대하는 게 차별이다. 동시에 두 성별의 차이를 부인하거나 성의 거룩함을 무시하고 선을 넘는 것도 성경은 인정하지 않는다. 이것이 동성애자에 대해 성경에서 죄라고 규정하고 있는 근거다. 이것을 거부하고 문화 막시스트 주장과 같이 이런 지적에 대해 차별한다고 하는 자체가 억지다.

감거협 행사가 끝나고 우리 위원들을 비롯한 참석자들 일부가 국회 정문 앞에서 국회 차별금지법 저지를 위해 노상에서 온몸으로 막아야 할 만큼 학자의 양심과 그리스도의 심장을 가진 절박한 마음으로 텐트 농성하고 있는 길원평 교수님을 위로 방문했다. 차별금지법의 위법성과 위해성을 인지하고 있는 뜻있는 학자들과 목회자들, 법조인들, 여성단체들 등 적지 않은 복음으로 무장한 교회와 대한민국의 다음 세대 장래를 염려하며 기도하는 분들이 지속적으로 이와 같은 선한 싸움을 장외에서도 전개하고

차별금지법 제정 반대 국회 앞
텐트 농성장 방문(맨 좌측이 필자)

있다.

매우 시기적으로 절박하게 돌아가고 있기 때문이다. 이상하고
야릇하다는 뜻을 가진 퀴어유행신학이 어찌 차별이라는 용어를
성경에서 제시하지 않는 거짓 프레임으로 심지어 예수를 동성애
자로 신성모독 하면서 차별이라고 말할 수 있다는 말인가? 이런
대표적인 주장을 한 사람이 '예수가 사랑한 남자'의 저자 테오도
르 제닝스(1942~2020: 전 시카고신학교 교수)이다.

그러나 성경에서 말씀하는 차별은 퀴어, 동성애자들이 '성까지
도 스스로 자신이 결정하라.'라고 주장하는 빗나간 궤변과는 근
본적으로 다른 측면에서의 차별과 구별되어야만 한다. 즉 아래
성경 로마서에서 제시하는 말씀과 같이 그리스도를 믿는 자는 누
구든지 인종, 성별, 신분, 지위, 연령, 국경을 초월하여 한 형제이
기에 이 점에서 동의할 때라야 차별이 없음을 분명히 해야 할 것
이다. 더 이상 차별이란 용어 전략으로 정치 세력화하는 망상을
버리고 예수 그리스도께로 돌아와야 할 것이다.

"이제는 율법 외에 하나님의 한 의가 나타났으니 율법과 선지자들에게 증거를 받은 것이라, 곧 예수 그리스도를 믿음으로 말미암아 모든 믿는 자에게 미치는 하나님의 의니 차별이 없느니라."(롬3:21-22)

"성경에 이르되 누구든지 그를 믿는 자는 부끄러움을 당하지 아니하리라 하니 유대인이나 헬라인이나 차별이 없음이라 한 분이신 주께서 모든 사람의 주가 되사 그를 부르는 모든 사람에게 부요하시도다."(롬10:11-12)

선택적 침묵은 정체성의 부재다

　　　　　　평소 종종 연락을 주고받는 신학자가 그의 페북을 통해 젊은 목회자들에게 조언해 준 얘기를 소개했다. 그것은 '첫째, 매일 매일 공부하라, 둘째, 설교 잘하면 (교회 담임으로) 갈 데 많다'라는 짤막한 내용이었다. 그러자 역시 내가 잘 아는 목사님이 이에 대해 '정체성(identity)을 상실하지 말라. 라고 한 가지 더 추가해 주세요.'라는 댓글을 달았다.

　나는 두 분의 말에 전적으로 동의한다, 그러면서 한 가지 간과하기 쉽고 약점이 될 수 있는 부분을 지적하고 싶다. 우선 신학자가 말한 공부 많이 하고 설교를 잘 준비하면 갈 교회도 많고 나아가서 큰 교회 청빙도 얼마든지 받을 수 있다는 얘기는 비단 목회자가 아닐지라도 지극히 평범한 덕담이다. 반면에 댓글을 단 목사님의 의견이 어떤 점에서는 이에 못지않게 중요한 지적이라고 여겨졌다. 왜냐하면 아무리 공부를 많이 하여 실력을 쌓아 청중을 감동케 하고 인기 있는 설교가라 할지라도 정체성을 상실하면 그런 실력이나 설교는 자기 인기 관리를 위한 영화에 불과하기 때문이다. 따라서 그 내면에 목회자 신분으로서 지녀야 할 기본적인 소양, 소속감, 시대정신과 회중을 선도할 목회철학과 소신이라 할 수 있는 일관된 정체성이 갖추어져야만 한다.

그럼에도 불구하고 주로 지식인들이나 대중 앞에 서는 리더들에게 숨길 수 없는 결정적인 약점 — 불편한 진실 — 이 있다. 그것은 확고한 자기 소신이나 정체성이 희박한 자들의 경우 자신에게 올 두려움이나 불리할 때 사용하는 가장 친근한 기재가 '선택적 침묵'이다.

이해를 돕기 위해 지난 80년대 대학가를 떠올려 본다. 신군부 정권 당시 민주화를 외치며 정권 타도를 주장하는 대학생들의 학내시위는 물론 거리 시위가 연일 그칠 날이 없었다. 이때 이런 일에 가속도가 붙게 하고 촉매 역할 하는 지식인 집단이 있었다. 그중 하나가 전국 각 대학 교수들, 목회자들의 시국성명서 등, 우후죽순 발표한 정권 규탄과 퇴진을 주장하는 이른바 민주화 지지 선언이다. 그때 대학생을 비롯한 지식, 언론인들은 돌이켜보건대 몇 가지 각오, 즉 해직당할 각오, 감옥 갈 각오, 강제 징집당할 각오, 분신하며 목숨 내던질 각오의 투쟁 의지로 타올라 꺾이지 않았다. 결국 그들이 약 40년이란 세월이 흐른 오늘에 이르러 이 나라 정치, 교육, 국방, 외교, 통일, 언론, 문화예술, 법조계, 의학계, 노동계 심지어 기독교계 이르기까지 거의 모든 영역을 총망라해 권력을 장악하고 있다.

그렇다면 그보다 더한 대한민국 근간인 국기를 흔들어 종북 이념에 깊게 물든 주장들이 여과 없이 묵인되고, 진영논리의 프레임으로 사분오열된 국론분열 조장, 교회를 말살하고 있는 현 정권에 대해서는 왜 요즘 젊은 대학생들에게서는 80년대 청년들이 불의에 항거한 야성을 찾아보기 힘들까? 더욱이 그때와 같은 대학교수들의 성명서 한 장도 보기 힘들까? 그 외에도 기타 양심 세력들의 집단성명 역시 그때와는 달리 이토록 숨죽이고 있는 이유가 궁금할 정도이다.

아마도 몇 가지 원인이 있다고 본다. 그건 그때와 견줄만한 신념에 투철한 지식인들의 빈곤과 실종, 대학생들의 의식과 애국 의지 상실, 언론 재갈법으로 인한 관제화 된 언론, 그러나 더욱이 이 무엇보다 지난 2년간 코로나 정치 방역의 완벽한 통제로 개인의 자율권 제한이라는 악재, 이로 인한 표현의 자유와 집회 결사의 자유 원천 봉쇄. 이 정권의 배급제도인 국민지원금 지급과 같은 포퓰리즘 등에 길들여 온 결과 그나마 창의적 비판마저 할 수 없는 입과 마음에 착고가 채워져 야성을 잃어버린 데 있다.

따라서 이런 환난의 때에 최소한 그리스도인의 정체성, 교회의 정체성에 대한 인식과 시대적 책임을 각인시켜 주었는지 목사로서 스스로 묻고 또 물으며 자성할 때이다. 즉 어쩌면 수많은 신학 공부로 실력을 쌓고 영감 있는 설교자로까지 각광을 받았다 할지라도 그토록 신학적이고 현란한 기교로써 진리를 외친 것과 달리 역사의 현장을 외면한 몰역사적인 삶으로 침묵하고 익숙하게 살아왔다면 하나님을 빙자한 직업적인 설교의 유희에 지나지 않았을 뿐이다. 실력 있는 진정한 설교자라고 말하려면 어두운 시대일수록 선택적 침묵을 거부해야 한다. 이것이 정체성이 뒷받침되어야 하는 이유이다. 정체성을 상실한 자는 설교 뒤에 숨을 수밖에 없기 때문이다.

하지만 거짓은 진리를 이길 수 없다, 몸을 가둘 수는 있으나 복음은 가두거나 묶어 둘 수 없다. 적어도 이 상식과 같은 진리 따라 사는 목사라면 어두운 시대일수록 교회가 깨어 일어나도록 앞장서서 외칠 때 진정한 복음을 가진 예수님의 종이라 일컬음을 받지 않겠는가?

교회는 What이 아니라 Who이다

일반적으로 광의의 의미에서 인문학(人文學, humanities)이란 인간의 언어, 문학, 예술, 사상, 철학, 역사 따위를 연구하는 학문을 일컫는다. 또한 심리학(心理學, psychology)은 인간의 행동과 심리 과정을 과학적으로 연구하는 학문이라고 부르지만, 그 접근방법에 있어서는 수십 가지 이론으로 다양하다.

이에 반해 신학(神學, Theology)은 인간이 아닌 어떤 종교의 신, 교리 등을 연구하는 학문을 지칭한다. 그렇지만 앞에서 언급한 학문 이외에 인간이 일반 여타학문처럼 과연 신을 연구하고 해석할 수 있을까? 어쩌면 신을 연구한다는 것 자체가 대단한 모순이고 무리이다. 왜냐하면 인간의 지극히 제한적인 지성으로 초월적인 신을 연구하고 추론한다는 것은 절대자에 대한 도전이요, 우리의 이성으로 판단할 수 없는 매우 위험한 발상이 아닐 수 없기 때문이다.

그럼에도 불구하고 우리는 신학을 한다고 말한다. 따라서 신학을 한다는 것은 어찌 보면 인간의 내면을 진실하게 들여다보고 자신의 존재를 전능하신 하나님 앞에 솔직히 규정하는 이 작업부터 선행한 다음에야 비로소 기독교에서 말하는 하나님을 알고 이에 따른 교리도 체계화시켜 갈 수 있으리라 여겨진다. 즉 인문학, 심리학을 통해 나 자신이 먼저 규정되어야 하지 않겠는가? 라는 질문도 가능해 보인다.

그런데 이것도 과연 우리 죄성으로 인해 아무리 탁월한 지성을 가졌다 할지라도 스스로 자신을 하나님 앞에 볼 수 없다는 데 문제가 있다. 그렇게 할 수 있다는 게 교만이다. 이에 대해 초월적인 하나님의 영, 거룩한 성령의 강한 임재 속에 사로잡히게 되면 하나님과 나와의 관계 회복을 통해서만이 가능하다고 말한다.

이에 대해 구약성경 시편과 잠언에서 어떤 사람이 악한 자이고, 어리석은 자인지를 명확하게 정의해 주고 있다.

어리석은 자란 "그 마음에 하나님이 없다 하는 자요 이들은 부패하고 그 행실이 가증하여(vile: 비열함, 몹시 불쾌함) 선(히브리어 '토브', good)을 행하는 자가 없다."(시14:1)라고 말씀하고 있다.

동시에 어리석은 자에 대해서도 시10편에 악인이 어떤 사람인지를 규정하고 있다. 악인이란 단지 선의 반대 개념에 국한하지 않는다. 악인은 누구인가? 악인은 마음의 욕심을 자랑하고 교만한 얼굴로 스스로 말하기를 여호와를 배반해도 감찰하지 아니하신다. 즉 그런 행동에도 책임을 묻지 않으신다. 하고 하나님을 부정하며 그 사상(계획과 생각)에 하나님이 없다고 경멸하는 자(시 10:3-4)임을 밝히고 있다.

이런 점에서 인문학을 하든 심리학을 하든 아니 신학을 하든 중요한 것은 하나님과의 관계에서 내가 누구인가를 분명하게 규정하지 않으면 누구든지 악인이요 어리석은 자로 일생을 마칠 수 있다. "내가 무엇을 하고 있는가?(What)"보다 훨씬 더 근본적인 질문 그것은 "나는 누구인가?(Who)"라는 존재론적인 물음을 던지며 살아야 한다.

시15편은 5절의 짧은 내용임에도 바로 존재론적인 질문에 답하고 있다. 그 "Who"라는 인칭 대명사가 무려 10번이나 반복되고 있다. 즉 "하나님의 장막에 머물 수 있는 사람, 그 성산에 살수 있는 사람이 누구인가?"를 물음을 던짐으로 시작한다. 그들은 첫째 스스로 진실과 공의 정의로 자신을 돌아보는 자, 이어서 이웃을 허물하고 비방하지 않고 존중하고 배려하는 자, 그리고 하나님 앞에 함부로 망령되이 행하지 않는 자, 이들은 영원히 흔들리지 않을 것이다. 라고 약속하신다.

바둑의 고수들이 한판 두는데 361수(19×19)를 둔다. 이 프로기사들은 끝나도 처음부터 끝까지 다시 복기가 가능하다고 한다. 어떻게 이미 놓은 수를 다시 복기할 수 있을까? 그들 대답은 '한수 한 수를 의미 없이 놓지 않기 때문이다'라는 말에서 우리 신앙생활을 다시 한번 총체적으로 돌아보게 해 준다.

40년, 50년, 60년, 아니 일평생을 교회 다닌다 하면서도 안하무인 격으로 아무에게나 대들고 사람도 못 알아보고 얼굴이 사나워 '저 사람만 없으면 교회가 평안할 텐데⋯' 하며 주위 성도들은 물론 이웃에게 불안의 대명사로 손가락질당하며 여전히 교회를 출입하는 자들이 있는가 하면, 그 사람 이름만 들어도 존경스럽고 교회의 덕을 세우고 실망했다가도 그분을 만나면 다시 희망을 불어넣어 주는 그런 덕장들을 얼마든지 찾을 수 있다.

따라서 교회는 What이 아니라 Who이다. 복음이 분명해야 사람이 바뀐다. 행실이 바뀐다. 얼굴의 자화상이 바뀐다. 복음 없이 직분 가지고 행세하다 보니 교회를 존중하는 게 아니라 주장한다. 교회 공동체가 교회를 잘 섬기라고 준 직분 가지고, 직책가지고 호령하는 자가 아니다, 감리회 교리와 장정을 얼마나 많이, 그리고 정확히 안다고 고함치고 불화하는 자가 아니라 그런것 좀 몰라도 복음에 생명을 건 삶이요, 배후에서 묵묵히 봉사하고 섬기는 그의 인품이요 덕을 세우는 삶이요, 나아가 주위에서그에 대한 평가가 백배 천배 먼저이고 소중하다.

도둑맞은 교회

100세 노교수님에게서 배운 소중한 교훈

　　최근 한 노 철학자의 강연을 유튜브에 올라와 있는 영상을 통해 보게 되었다. 그 이전에도 물론 그분이 쓴 몇 권의 에세이를 감명 깊게 읽은 적이 있기에 낯선 분은 아니었다. 특별히 이분을 비롯한 세 분은 한국의 3대 철학자로 불릴 만큼 큰 족적을 남긴 분들이다. 바로 김형석, 안병욱, 김태길 교수님이다. 뒤에 두 분은 작고하셨고 김형석 교수님은 현재 100세를 넘기신 고령이지만 지금도 교회를 비롯하여 방송에 출연하여 강연을 계속하는 등 노익장을 과시하고 있다.

　　최근 어느 교회에서 한 강연을 들으면서 내 가슴에 부딪혀 온 감동이 우리 한국 교회, 특히 목회자가 귀담아들어야 할 내용이라는 사실에 공감하였다. 그 이유는 강연의 요지 중에 두 가지 때문이었다.

　　우선 성장하려면 계속 배우라는 말씀이었다. 이를 위해 독서를 강조했다. 안병욱 교수님이 생존해 계실 때 모교 교수님이었기에 철학 시간 강의를 들을 때면 또박또박하신 그분의 강의는 하나도 놓치고 싶지 않을 만큼 힘이 있었다. 평소 그분의 지론은 자신의 키만큼 책을 쓰는 것이라고 하셨는데 아마 그렇게 하고도 남았을 것 같다. 당시 도서관에서 그 선생님이 쓰신 수필집은 모두 읽었던 것으로 기억된다. 비슷한 내용이 중복되기도 했지만 읽고 나면 내 의식을 깨우쳐 주는 일반 책과는 무언가 다른 점이 많았다.

그리고 세월이 흘러 김형석 교수님의 강의를 접하면서 다시 새로운 마음을 갖게 되었다. 크리스천 노 철학자인 교수님은 세계에 문화적인 혜택을 주는 나라로 5개국을 꼽았다. 이를테면 영국, 프랑스, 독일, 미국, 그리고 일본이라는 것이다. 그런데 이들 나라 국민의 80%는 독서하는 나라라고 한다. 독서를 하는 사람과 하지 않는 사람은 60이 넘으면 완전히 다르다는 말씀도 강조하신다.

사실 인터넷 시대가 되면서 취약점 중의 하나가 책방이 사라졌다는 사실이다. 대형 서점 몇 군데나 유지할 정도일까, 그 흔하던 군소 서점들이 대거 사라졌다. 내가 대학교 다닐 때만 해도 청계천 그 양쪽에 즐비하게 늘어선 중고 서점들은 서민들의 호주머니를 다소라도 덜어주는 고마운 도움이었다. 교재가 필요할 때면 어김없이 그곳 여러 서점들에 들러 애용하던 없어서는 안 될 친한 벗과 같은 그 수많은 서점이 어느 해부터였는지 역사 속으로 사라진 지 오래다.

아무리 인터넷에서 정보검색을 손쉽게 하는 시대라지만 여전히 지식정보가 아닌 인문학 강의나 가슴과 가슴이 맞닿은 생명을 살리는 소리는 깊은 내면에서, 그리고 천상에서 들려온다는 사실을 부인할 길이 없다. 그것이 깊은 내면에서 말씀하시는 노학자의 인문학 강의에서 비로소 듣는 것 같아 새롭고 감동이 밀려왔다.

다음으로 성장하려면 국가와 민족을 걱정하며 살아야 한다는 크리스천 인생관을 지적하시는 말씀이었다.

그러면서 뼈있는 말씀을 하셨다. 그 노교수님이 자랄 때 목사님의 영향을 받아 크리스천이 되었음에도 지내놓고 보니 목사님들이 쓴 책은 세상에서 베스트셀러가 없다는 것이다. 그러나 불교계 승려가 쓴 책은 아무개 이름을 들면서 베스트셀러가 되었다는 것이다. 그 단적인 이유로 목사님들은 성경과 교리로 살기 때문에 그것만을 이야기하지만 승려는 사람들이 살아가는 인생을 이야기로 풀어내기에 말하자면 세상 사람들이 느끼는 공감 능력에서 밀린다는 그런 진단이셨다.

그럼에도 불구하고 노교수님은 예수님의 말씀을 자신의 인생관과 가치관으로 받아들였고 이것은 바꿀 수 없는 정신이 되었다는 것이다.

오래전에는 강연 부탁을 받으면 어디가 수입이 많으냐? 해서 골라서 갔는데 인생관이 바뀐 이후에는 소중한 일이 무엇이냐를 우선했다고 하는 고백도 흉금 없이 털어놓으셨다.

그분이 겪은 교수 세계에도 적지 않은 교수가 학교로부터 무엇을 얻을 수 있을 것인가? 하는 교수는 65세가 넘어 은퇴한 이후에는 학교가 그들을 잊어버리지만 반대로 내가 학교에 무엇을 줄 수 있을 것인가? 무엇을 할 것인가? 하는 교수는 은퇴 이후에도 할 일이 많다는 것이다.

따라서 가정을 걱정하고 살면 가정만큼 밖에 자랄 수 없지만 민족과 국가를 걱정하고 살아가면 그 민족과 국가가 필요로 하는 만큼 성장하게 된다는 역사의식을 강조하셨다. 이것이 기독교 정신이라는 것이다. 그 예로 두 민족 지도자요 그리스도 정신을 몸으로 보여준 도산 안창호 선생과 고당 조만식 선생을 꼽았다.

우리 늦둥이 자라는 것을 보면서 배우는 것이 많은데 그중의 하나가 핸드폰을 손에서 떼게 해 준 순간부터 집에 있을 때 책을 손에서 떼지 않는다. 아직 글씨를 모르기에 혼자 그림 보면서 읽기도 하다 모르면 엄마 아빠에게 책 읽어 달라고 졸라댄다. 책을 읽은 5대 국가가 세계 문화유산을 남기게 되었다는 말씀을 잊지 말아야겠다는 생각도 이런 이유이다.

동시에 목사로서 자칫 국가와 민족을 외면하고 시대정신을 망각한 나머지 개교회주의, 물량주의, 성공주의, 스타 의식에 함몰되어 교회를 등에 업고 비교우위를 자랑하며 자신의 위업을 은연중에 드러내려는 헛된 야심을 청산하지 않는 한 역사에 돌이킬 수 없는 외면을 당할 수 있겠다는 경고음으로 노교수님을 통해 깨닫게 된다.

그러기에 다시 한번 목회의 본질에서 일탈한 모습이 무엇인가를 비단 이번만이 아니라 앞으로도 끊임없이 스스로에게 묻고 점검하게 되는 계기로 삼아야겠다는 많은 생각을 하게 되었다.

사람 - 사랑 = 무(nothing)

　　　　　　　　읽고 또 읽어도 마음 훈훈하고 감명 깊은 예화 하나가 떠오른다. 말 17마리를 둔 아버지의 유언 이야기이다. 세 아들을 둔 아버지가 임종을 앞두고 세 자녀들에게 재산 분배에 관한 유언을 남겼다. 그가 남겨놓은 재산은 말 17마리였다 이 재산을 큰아들에게는 말의 절반을 갖도록 하고, 차남에게는 1/3을, 그리고 막내에게는 1/9을 갖도록 분배한다는 유언이었다. 아버지가 세상을 떠난 후 세 아들이 모여 재산 분배를 논의하게 되었다.

　그런데 17마리의 말을 1/2, 1/3, 1/9로 나누려다 보니 문제가 생겼다. 정확히 떨어지지 않고 소수점이 생겼기 때문이다. 게다가 이들 형제는 서로 양보할 줄 몰랐다. 결국 다투며 급기야 싸움을 하게 되었다. 이때 말을 타고 지나가던 한 행인이 이 장면을 목격하고 사연을 들은 후 획기적인 중재안을 내놓았다. 자신이 타고 가던 말을 드릴 테니 서로 싸우지 말고 이 한 마리를 합

처서 아버지 유언대로 나누어 가지라는 것이다. 한 마리 말이 합쳐져 18마리가 되었다. 이렇게 해서 세 아들은 이제 18마리를 유언대로 분배했다. 큰아들의 몫인 1/2로 나누자 처음과 달리 소수점 없이 정확하게 9마리를 차지하고, 차남은 1/3인 6마리, 그리고 막내는 1/9의 몫인 2마리로 공평하게 분배되었다.

그런데 이렇게 분배한 세 아들들의 말을 합쳐보니 처음 아버지 재산이었던 17마리가 틀림없었다. 이상한 것은 1마리의 말이 남게 되었다. 이때 중재했던 행인이 세 아들에게 말했다.

"유언대로 당신들의 몫을 다 분배받았으니 이제 남은 말 한 마리는 다시 내가 가지고 갑니다. 서로 사이좋게 지내십시오~~"

퍽 재미있는 이야기이다. 그 한 마리가 바로 사랑의 산수에서 나온 '사랑의 말'이라고 부를 수 있지 않을까?

그런데 이와는 좀 다른 일명 「문자로 본 사랑의 산수」라고 내 나름대로 이름을 붙여 본다. 지난주까지 있었던 사순절 세 이레 특별새벽기도회 교안을 준비하면서 고전 13장 2절과 3절을 읽는 가운데 주님 주신 감동으로 받아 임의대로 단어를 가지고 만들어 본 산수가 아래와 같다.

사람(4람) - 사랑(4랑) = 무(0, Nothing)

위와 같이 떠오른 생각을 지나갈세라 얼른 노트에 옮겨 적었다. 이 뜻은 어떤 사람에게서든지 사랑을 빼버리면, 즉 "사랑이 없으면 아무것도 아니요."(고전13:2, nothing), 동시에 "사랑이 없으면 아무 유익이 없다."(고전13:3b, nothing)라고 영어 성경(NIV)에 두 번에 걸친 '무(無, nothing)'라는 단어를 착안着眼하여 만든 사랑의 산수이다.

이처럼 우리가 이 땅에 살면서 계속, 그리고 평생 배워야 할 것이 있다면 무엇일까? 그것은 아마도 사랑하는 방법을 배우는 것이 아닐까? 그런 점에서 삶을 가장 잘 사용하고 있는 사람은 사랑하는 사람일 것이다. 실제 사랑하다 보면 이런 경험을 하게 된다.

사랑하면 거리가 멀어도 가깝게 느껴질 뿐만 아니라 단숨에도 달려간다.

사랑하면 무거워도 무게를 느끼지 못할 만큼 중량감도 잊는다.

사랑하면 제아무리 돈이 든다 해도 아깝다는 느낌을 떠올리지 않는다.

사랑하면 흠이 있어도 그 흠이 보이지 않도록 눈마저 멀게 한다.

사랑하면 어려움과 위험이 있을 때 모성애와 기사도 정신이 발휘된다.

그러고 보면 사랑은 허비가 아니다. 사랑하기에 힘들고 고통스러운 게 아니다. 도리어 사랑하지 않고 사는 삶이야말로 가장 큰 손실이요, 아울러 가장 큰 고통이라고 말해야 옳을 것 같다.

따라서 사랑 없이는 삶의 목적도 없고 유익도 없으며 무가치하며 인생을 낭비하고 사는 것이다.

비록 은행 계좌에 잔고를 아무리 잔뜩 남겼을지라도 사랑의 잔고를 남기지 않은 인생이라면 제로(0) 인생 내지는 부도낸 인생이라고 말해도 과언이 아닐 것 같다.

반면 누구라도 남은 인생을 좀 더 사랑의 이윤을 극대화하는 일이 무언지를 찾아 시간을 투자하며 주력하고 살아가는 삶만이 최고로 생산적인 인생을 살았다고 평가받게 되지 않을까 생각해 본다.

유일한 이산대학離散大學

　　　　대한민국에 세워져 있지만 그러나 그 모태는 평양에서 기독교 정신을 건학 이념으로 세워진 대학이 있다. 1897년 윌리엄 베어드 미국 선교사님에 의해 시작되었지만 놀랍게도 당시 평양시민들의 헌금으로 세워진 특이한 대학이기도 하다. 일제 식민지하에 있던 1938년 기독교 정신에 정면 위배되는 신사 참배를 강요받게 되자 이에 굴욕하여 구차하게 학교를 유지하면서 하나님께 득죄하기보다 스스로 자진 폐교의 길을 선택함으로써 학교는 문을 닫게 되어 없어지는 것 같았다. 그러나 해방 이후 6.25 동란이 끝난 남한에 피난 온 숭실 출신 고 한경직 목사님에 의해 1954년 5월 10일 현재 영락교회에서 서울 숭실이 재건되고 지금의 상도동 부지로 이전하게 되어 오늘에 이르게 된 숭실대학교다.

　　대한민국에 이산가족이 있다는 사실을 모르는 분들이 거의 없다. 그래서 이산가족이란 말은 익숙한 단어이다. 하지만 이산대

　　　　　　　　　　　　　　　　도둑맞은 교회

학이란 말은 거의 사용하지도 않을뿐더러 그러기에 듣지도 못한 낯선 용어이다. 그런데 실제로 그 유일한 이산대학이 건재하고 있다. 그곳이 바로 숭실대이다. 북에 대학을 두고 왔기 때문이다.

이에 다른 대학이 가지고 있지 않은 북한에 옛 숭실대학을 복원하고자 하는 꿈을 그리며 준비하고 있는 통일대학이기도 하다.

신사 참배로 사실상 폐교되었던 학교가 다시 재건되었다는 것은 순교적 신앙으로 예수 그리스도를 믿는 믿음을 생명처럼 여겼다는 뜻이요, 무에서 유를 창조한 것과 같은 절대 진리의 가치를 존중했다는 뜻이다. 건물을 세우는 일은 사람이 했을 테지만 그것을 하도록 비전을 품게 하시고 이후 섭리하시고 가능하게 하신 분은 하나님이 그렇게 하도록 움직이셨기 때문에 실제로는 하나님이 하신 것이다. 따라서 하나님은 무에서 유를 창조하신다. 인간은 무에서 유를 창조하는 것이 아니라 다만 유에서 유를 끄집어낼 뿐이다.

최근 들어 기독교 정체성이 매우 희미해져 가는 이때에 87년 전 숭실은 일제 식민지 속에서도 우상숭배와 다름없는 신사참배 강요에 타협은커녕 주저할 것도 없이 폐교를 불사한 기독교 역사에 길이길이 자랑스럽게 남아 그 정신은 시대가 갈수록 면면히 이를 아는 분들의 핏속에 흐르고 있다.

이와는 달리 애석하게도 수년 전 가평 지역 기독교 연합회목회자 월례회 모임에 인사하러 온 지방단체장 후보가 했던 말이 생각난다. 그는 당시 한창 뜨거운 이슈였던 신천지 교주 기념관 건립 반대 서명에 대한 질문을 받은 자리에서 이렇게 말했다.

'지방선거 입후보자가 아직 신천지 교주 기념관 건립이 확정되지도 않은 상태에서 반대 서명하는 것은 직권남용이니 하지 않는 게 바람직하다. 라고 자신의 고문 변호사 3명이 모두 하나같이 그렇게 조언해 주더라.' 하면서 그가 힘주어 하는 말이 '나는 표를 먹고 사는 사람입니다. 그러니 서명은 곤란합니다.'라는 변이었다. 하나님의 말씀보다는 사람의 말을 두려워하는 전형적인 닮은꼴이다.

이것이 오늘날 말씀을 제대로 먹지 못하고 표를 먹고 정치로 먹고사는 대부분의 선거용 기독 정치인들의 공통된 자화상이다. 그는 계속해서 대다수 주민들이 원하는 대로 뜻을 따르겠다고 말했다. 이 말은 다행히 신천지 반대가 다수라면 그 물타기로 문제될 것은 없으리라, 그러나 만에 하나 신천지 쪽으로 기울어 가는 주민들이 많다면 입장을 바꿔 그쪽을 따르겠다는 말과 무엇이 다르겠는가?

따라서 나는 그가 좀 더 주님께 근접한 신실한 그리스도인으로서 지역 목사님들 앞에서 말할 정도라면 이렇게 말했어야 정상참작이라도 받을 수 있지 않았을까 정리해 보았다.

'저는 표를 먹고 사는 사람입니다. 믿음이 없어서 오늘 당장 서

도둑맞은 교회

명하지 못하는 나약함을 용서해 주십시오. 그러나 이후 어떤 불이익이 올지라도 제 신앙의 양심을 걸고 사이비 집단 교주 기념관만큼은 건립되지 않도록 막아내겠습니다.' 인사말이 끝나자 어느 기자 생활하는 목사님이 제안했다. '그러면 신천지 기념관 막겠다고 당선 공약에라도 넣어 주세요.' 이에 대해 여전히 그는 함구하며 자리를 떠났다.

신사 참배 때문에 학교를 폐교하는 기독교 정신을 가진 대학이 있는가 하면, 표 하나로 절절매는 지방자치단체장 국회의원 입후보자의 무늬만 있는 교인과는 무슨 차이인가? 진정한 그리스도인은 무엇으로 살아가야 하는가를 스스로 새삼 묻게 된다.

내 인생을 실험하는 D.I.V

어느 날 자기 분야에서 다양한 강사들이 출연하여 강의하는 '세바시' — 세상을 바꾸는 시간 — 라는 유튜브 채널에 나온 한 교수 강연을 듣게 되었다. 이 교수는 현재 대학에서 디자인을 가르치는 교수다. 그는 자신이 전공한 지식으로 단순히 학생들을 가르치는 데서 끝나지 않았다. 예컨대 그가 디자인한 제품 중 십자가 모형으로 디자인한 제품의 아이디어가 2008년 약 6,000여 개의 프로젝트 중에 애플을 제치고 일본 소니에 이어 2위라는 시상대에 오르게 되었고 또 다른 디자인 제품으로 일명 디자인 올림픽에서 그랜드 슬램까지 오르게 되었다고 한다. 즉 그 분야에 세계적인 업적을 인정받은 분이다.

그런 그가 디자인한 것 중에 모기 퇴치하는 사운드 스프레이가 있다. 이 판매 수입금 전액이 아프리카 최빈국 중 5초당 1명이 말라리아로 죽어가는 그들을 돕는 일에 쓰이고 있다고 한다. 바로 그가 이런 일을 할 수 있었던 것은 크게 두 가지라고 나름대로

도둑맞은 교회

정리해 보았다. 즉 그는 자신의 분야에서 탁월한 실력을 인정받는 우리나라 사람도 거의 모르지만 세계가 인정하는 세계적인 산업 디자이너였다. 도리어 우리가 잘 아는 컴퓨터 업계의 전설이자 아이패드, 매킨토시 하면 떠올리는 스티브 잡스(1955-2011)가 창업한 세계적으로 알려진 애플이 창안한 것보다 제품의 디자인과 효용성에 있어 세계성을 인정받은 셈이다. 그가 자신의 분야에서 창의적이고 혁신적인 실력을 인정받았기 때문이다.

그리고 이보다 그를 더 주목하게 된 것은 이 실력을 자신의 개인적인 영광으로만 취하지 않았다는 사실이다. 그러기에 그는 스스로 말하기를 '세상에 나눌 수 없는 만큼 가난한 자는 없다. 이를테면 돈이 되었건, 시간이 되었건, 자신처럼 재능이 되었건, 아니면 마음이라도 나눠야 한다는 영적 각성(spritual awaking)이다. 왜냐면 이 지구상에 사는 1/10은 가졌지만 욕망에 따라 사는 사람들임에 비해 나머지 9/10는 하루에 2,000원도 채 쓸 수 없는 생존의 문제로 살아가는 사람이기 때문이다'라고 말한다. 그들이 단지 아프리카에 태어났다는 이유만으로 생명을 위협받고 있다. 그런 순간 내 내면에 이런 소리가 들리는 듯했다. '내가 대한민국에 태어나려고 노력해서 태어난 건 전혀 아니다. 태어나고 보니 대한민국이었다. 그렇다면 아프리카 최빈국에 태어나고 싶어서 그곳에 태어난 그들은 아닐 것이다. 그곳에서 태어난 이유만으로 그들은 생사의 갈림길에서 다투고 있는 삶을 살고 있다'라는 깨달음이었다. 그뿐만 아니라 세계에서 대학 교육을 받을 수 있는 비율도 1%에 불과하다고 한다. 우리가 얼마나 큰 특권을 누리고 있는지를 알 수 있게 한다.

이 교수는 그래서 자신이 디자이너로서 관심 분야가 "Philan-thropy(philo, 사랑 + 인류, anthropy)" — 박애, 인류애(홍익인간) — 라고 했다. 너무나 멋진 말이다. 한 마디로 자신이 받은 물질이든 재능이든 가진 것을 나누어야 한다는 철학이다. 우리의 건국 정신이기도 하다. 또한 1948.07.17 제헌 국회 당시 의원이었던 이윤영 목사가 기도함으로써 시작된 기독교 건국 이념과 맥락을 같이 한다. 세상 모든 학문이 그리해야 하고 세상의 상거래가 그리해야 한다. 는 그의 삶의 철학을 3D라고 한 표현을 보면 더욱 명확해진다. 그가 말한 3D는 Dream, Design, Donation이다. 이를 위해 자신이 존재한다(Therefore I am)라는 IDIM 이라는 연구소 랩 이름이 인상적이었다.

이와 같은 이 교수의 강의를 들으면서 내 인생을 지탱하는 핵심적인 3가지 원리(D.I.V)를 나름대로 착안하여 실험하려 한다. 그것은 Design, Image, Value이다.

D esign

디자인, 집을 건축할 때 누가 디자인, 즉 설계하느냐에 따라 달라진다. 앞에서 언급한 그 교수의 디자인이란 정의가 무척 마음에 와닿는다. 즉 디자인이란 '문제를 찾아내고 해결하는 일(솔루션)을 하되 혁신적이고 창의적인 방법으로 하는 것이다'라고 말했다. 따라서 내 삶의 디자인하신 분을 아는 게 무엇보다 중요하다. 왜냐면 나를 최초에 디자인하신 하나님의 뜻에 맞게 사는 게 인생을 가장 잘 사는 것이 되기 때문이다. 따라서 디자인은 하나님이 나를 향한 계획이 무엇인지를 아는 것이다.

I mage

이미지, 평판을 의미한다. 그런 나를 이제 어떻게 연출할 것인가? 이른바 이미지 메이킹이 필요하고 이미지 쇄신에 투자해야 한다. 이처럼 자신의 이미지 관리 또한 대단히 중요하다. 개인도 교회도 회사도 학교도 이미지가 좋아야 브랜드가 높고 선호도가 높으며 인지도가 달라진다. 이미지는 다른 사람 또는 세상이 나를 어떻게 보느냐이다.

V alue

가치관, 우선순위의 문제다. 위에 언급한 디자인과 이미지가 분명하면 내 삶의 가치를 어디에다 두고 살 것인가가 결정된다. 내 삶의 존재가치와 목적 가치를 분명히 깨달으면 추구하는 삶의 관점과 행동 양식이 달라질 수밖에 없다. 예컨대 신앙관, 재물관, 결혼관, 직업관, 인생관, 세계관 등 의식이 있고 자기 개념 정리가 분명한 사람을 일컫는다. 이런 사람이라야 또 다른 사람도, 이 세상도 바꿀 수 있는 영향력을 지닌다. 결국 가치관은 내가 나 자신을 어떻게 보고 어디에 중요한 가치를 여기고 사느냐이다.

2장

'카르페 디엠'의 취급 주의!

영국 옥스퍼드대 리처드 도킨스가 쓴 '만들어진 신'이라는 번역서가 이미 우리나라 대형서점에도 시판된 지 오래다. 이러한 영국의 반기독교 정서 열풍으로 인해 영국은 물론 스페인 등의 시내버스에 2009년 1월 무신론 광고까지 부착하기에 이르렀다. 특히 이 대대적인 광고문구는 런던을 비롯해 맨체스터 에든버러 브리스틀 등 영국 전역의 버스 800대 외에 지하철 등 공공장소에까지 게재될 정도였다고 하니 영국의 상황이 어떠했는지를 짐작하고도 남음이 있다. 그 문구 내용은 이렇다.

'아마도 하나님은 없을 테니 이제 걱정을 멈추고 네 인생을 즐겨라(There's probably no God. now stop worrying and enjoy your life).'

그 당시 교계 및 일간신문에도 회자 된 적이 있다. 그런데 이 광고 문안의 시안은 TV 코미디프로 작가인 아리안 시린이 만들었고, 리처드 도킨스와 영국인도주의협회(BHA)가 모금을 통해 부착하게 되었다고 한다. 이것을 제작한 시린은 "2008년 6월 '비그리스도인은 영원히 하나님과 분리돼 지옥에서 영원한 형벌을 받을 것'이라는 문구를 보고 분개한 나머지 반작용으로 광고를 계획하게 됐다."고 한다.

그런데 이 문구 속의 '네 인생을 즐겨라'와 같은 비슷한 내용이 라틴어 "카르페 디엠"("Carpe Diem")이 얼마 전까지만 해도 개인 미니홈피나 카카오톡 프사 소개란에 대세를 이룬 적이 있다. 이 라틴어는 고대 에피쿠로스 학파의 학자이자 시인이었던 호라티우스(Horatius, BC65—BC8)의 시에 나오는 내용의 일부이다.

그 뜻을 살펴보면 '디엠(diem)'은 누구에게나 현재 주어진 '하루, 한 날'을 의미하며, '카르페(carpe)'라는 말은 '카르포(carpo)'라는 동사의 명령형에 해당하여 한 해 동안 땀 흘려 수고한 농부들에 의해 사용된 말로써 "추수하다"라는 의미와 "즐기다, 붙잡다"라는 의미가 내포된 말로서 추수를 통해서 얻게 되는 노동의 신성한 가치를 표현하는 데서 유래했다고 한다. 이 말을 의역하여 '오늘 또는 현재를 즐겨라'라는 식으로 해석하고 있다.

더욱이 이 "Carpe Diem"이 더 유명해진 계기가 있다. 1990년에 제작 발표된 영화 〈죽은 시인의 사회(Dead poet's society)〉에서 나온 대사 때문이다. 이 당시 사회가 규율과 강제, 억압을 거부하는 시대가 되다 보니 명문 기숙학교에 새로 부임하게 된 존 키팅(John Keating) 선생의 역을 맡은 로빈 윌리엄스가 방황하고 있었던 학생들에게 도전과 자유 정신을 상징하는 대사로 자주 들려주

도둑맞은 교회

면서 대중화되었다.

그 영화의 대사 중에

"남의 걸음걸이가 아닌 자신만의 걸음걸이와 속도로 댄튼 군은 안 걸을 건가?"

라는 이 질문에 학생은 "네, 저는 '걷지 않을 권리'를 행사하는 중입니다."라고 답한다.

다시 말하면 남의 기준에 맞추어 사는 것이 아니라 나에게 집중하고 내가 하고 싶은 것을 하는 것이 진정한 카르페 디엠이라고 영화는 말하고 있다.

하지만 '걱정하지 말고 인생을 즐겨라'라고 무심코 사용하기보다 취급 주의해야 할 위험과 함정이 있다. 지나치게 자유를 극대화하면 세속적 인본주의로 흘러 자유가 선이 된다. 동시에 그 선을 인간 중심에 놓게 됨으로써 자기 취향과 본능이 자아실현의 잣대가 되기에 절대 진리와 절대 선을 인정하지 않는다. 따라서 부패와 도덕적 문란을 막을 근거가 없기에 그 사회는 결국 무너지고 만다. 세속적 인본주의의 가장 큰 특징은 하나님으로부터 인간을 해방시켜 독립적이고 자율적인 인간성을 찾아야 한다는 명분을 표방한다. 이들이 주로 주장하는 것은 인간이 중심이고, 한때 우리나라 어느 정권에서도 사용하던 '사람이 우선이다'라는 슬로건이다.

이처럼 파괴적인 혁명가들의 공통점은 진화론과 유물론을 혁명 철학의 근간으로 삼는다. 예컨대 마르크스가 당시 기존사회를 유토피아로 만들기 위해서는 체제 진화를 위한 계급투쟁론을 주장하였다. 이를 두고 엥겔스는 '다윈이 생물학적 진화론을 발견했다면 마르크스는 인류 역사의 진화론을 발견했다'라고 말했다. 이후 1917년 마르크시즘과 진화론 사상을 배경으로 레닌과 스탈린은 볼셰비키 공산당 혁명을 일으키는 근거가 된다. 여기에 다시 자본주의를 공격하기 위해 도입된 프로이트의 가정과 혼인을 신성시하지 않는 성 해방이다. 이것이 프랑스 68혁명을 거쳐 새롭게 진화 등장한 오늘날의 문화 마르크시즘이다. 이들은 성 정치화를 위해 교육과 미디어를 장악하는 새로운 혁명전략으로 앞에서 언급한 영국의 반기독교적인 대중화에 성공한 이후 미국의 정서를 흔들고 급기야 한국의 사회 각계각층 — 정치 교육 국방 외교 문화 예술 기독교계 등 — 전 영역의 기존 질서를 뒤흔들며 해체 시키려는 수준에까지 와 있다. 예컨대 지난 정권은 공교육 교과서에 성 결정권, 성적지향, 성소수자, 성평등, 혼전 성관계, 피임법, 동성애를 옹호하는 수십 가지 젠더 교육, 이에 따라 전통적인 기존의 엄마 아빠를 부정한 다양한 부부 개념들을 도입한 상태다.

그렇다면 이런 심각한 위기를 맞은 우리 한국교회는 앞으로 어떻게 해야 할 것인가?

우선 현재 세속적 인본주의에 물든 공교육 현장에 기대할 수 없음을 인식하고 일부 교회가 운영하는 전인 학교 또는 대안학교를 좀 더 구체화 내지는 더욱 신설 확대 양성화할 필요가 있다. 그래야 만이 지금의 진화론과 유물론, 성 해방 등 지나간 문화 마르크시즘의 실패하고 파멸로 끝난 낡은 사상에 세뇌되지 않고 기독교 세계관으로 유치원 때부터 대학에 이르는 전 과정을 교육할 수 있기 때문이다. 이 시대에 외치고 싶은 말,

'카르페 디엠'? 취급 주의!

진정한 광복

　　　　　　나는 초등학교를 다니지 못했다. 대신 국민학교를 다녔다. 국민학교란 말이 일제 잔재 용어라고 해서 언제부터인가 초등학교로 이름이 바뀌어 사용되고 있다. 그러나 나는 이 땅의 정치인들과 교육부 장관 등 일선 교육책임을 맡은 자들에게 한 가지 깊은 회의감과 이의를 제기하고 싶은 게 하나 있다. 그것은 우리나라 국경일 특히 삼일절, 광복절, 제헌절, 한글날 노래 등을 부르지 않는 초등학교 세대를 만들어 놓았는가이다. 초등학교라는 이름만 바꾸었지 의식은 죽어 있다고 해도 과언이 아니다. 초등학교로 이름만 바꾼다고 일제 식민지 잔재가 자동으로 청산되는가? 오히려 우리 세대는 비록 국민학교라는 이름을 가지고 학교를 다녔어도 음악책이 따로 있어 여기에 수록된 이런 역사적 의미가 있는 노래를 국경일이 오면 거기에 해당되는 노래를 늘 불러 민족의식을 고취하도록 미동의 몸짓이라도 있었다. 어려서 그 노래의 의미를 깨닫고 부른 것 아니었겠지만 그런 노랫말 속에 들어있는 가사는 지금 와서 생각해 보면 민족의 혼과

　　　　　　　　　　　　　　　　　　　　도둑맞은 교회

역사의식을 가진 분들이 작사한 것임을 뒤늦게나마 깨달을 수가 있었다.

해마다 한국교회는 8.15 전후를 광복절 기념 주일로 지키며 우리나라가 일제 식민지 치하에서 해방된 그때의 감격과 의미를 되새기곤 한다. 광복이 무슨 뜻인가? 빛을 다시 찾았다는 말이다. 그 빛이 식민지의 어둠과 종살이에서 나라를 되찾은 회복의 빛이요, 억압과 사슬에서 해방을 찾은 자유와 해방의 빛이요, 신앙의 자유를 다시 찾은 거룩한 복음의 빛이요 민족의 자존심을 다시 찾은 광명의 빛이라 할 수 있다.

그 빛을 '거룩한 빛'이라고 광복절 노랫말 2절 가사에 기록하고 있다. '광복절 노래'는 1950년 4월에 가사가 최종 확정되었다. 그리고 그 해 8.15 광복절 행사 때 불릴 예정이었지만 북한의 남침으로 인해 광복절 행사는 전쟁으로 인해 당연히 노래도 불리지 못했다. 더욱이 이를 작사한 독립운동가이자 한학자였던 정인보 (1893-1950) 선생은 1950년 북으로 피랍돼 이 노래를 정작 작사하고도 한 번도 듣지 못한 채 세상을 떠난 것으로 알려졌다. 그 가사 1, 2절은 이렇다. 이런 노래를 가진 음악책이 지금에 와서 더욱 그리워질 정도다.

1. 흙 다시 만져보자 바닷물도 춤을 춘다 기어이 보시려던 어른님 벗님 어찌 하리

이날이 사십 년 뜨거운 피 엉긴 자취니 길이길이 지키세 길이길이 지키세

2. 꿈엔들 잊을 건가 지난 일을 잊을 건가 다 같이 복을 심어 잘 가꿔 길러
  하늘 닿게

세계의 보람될 거룩한 빛 예서 나리니 힘써 힘써 나가세 힘써 힘써 나가세

세계 어느 나라든 그 나라 국민이 부르는 국가가 있다. 우리나라는 애국가 속에 '하나님이 보우하사'라고 하여 노랫말 속에 그 나라 정체성과 혼을 담고 있다. 학교는 교가가 있고 군대에는 군인정신을 충일하게 하는 군가가 있다. 농민가도 있고 사가도 있다. 모든 종교에는 그 종교가 주창하는 노래가 있듯이 우리 그리스도인들에게는 찬송가가 있다. 이렇듯 광복절 노랫말 속에 들어 있는 빛은 기독교와 떼려야 뗄 수 없는 불가분의 관련이 있다.

창1:2에 땅이 혼돈하고 공허하며 흑암이 깊음 위에 있을 때 이어서 다음 3절에서 하나님이 가장 먼저 말씀으로 창조한 게 빛이라는 사실이다. 그리고 그 빛은 예수 그리스도이시다(요8:12). 동시에 그 빛이신 예수 그리스도는 세상의 빛이요 생명을 주는 빛이다. 이에 우리를 향해 "주 안에서 빛이라. 그러므로 빛의 자녀들처럼 행하라"(엡5:8)라고 대우하는 대신 마땅히 책임적인 사명을 명령한다. 나중에 계시록에 가서는 이 빛이 자연의 피조물로 만들어진 낮의 해나 밤의 달도 필요 없는 영광의 빛이요, 어린 양 곧 예수 그리스도임을 알 수 있다(계21:23).

매년 빛을 찾은 광복을 맞아 떨쳐 버릴 수 없는 게 있다. 그것은 우리나라가 지난날 20세기 초반에 물리적인 나라를 잃은 어

둠의 식민지였다가 해방된 광명, 빛을 다시 찾은 그 기쁨에 감격했다. 그러나 말씀의 빛(시119:105)을 잃어버린 문화 종속주의, 문화 식민지로 전락하지 않도록 바짝 경계를 늦출 수 없는 매우 위급한 시대를 살아가고 있다는 사실을 잊으면 곤란하다. 다시 말해 절대 진리를 부정하고 왜곡하며 섞어 버림으로써 복음의 빛을 희석하는 인본주의와 세속주의, 무엇보다 극단적인 자유주의 신학에서 유출된 희화화, 형해화, 포스트모던화 등으로 절대 진리를 해체시켜 버리는 일을 서슴지 않고 있는 데 대해 우려하지 않을 수 없다. 이에 한국교회를 바라볼 때마다 영적인 광복이 어느 때보다 더욱 절실하게 요청될 때다. 그런 점에서 우리의 진정한 광복은 지금부터다.

그리스도인은 애국이 의무다

　　　　　　대한민국의 역사적인 날로 기념하는지난 103주년 3.1절은 대단히 중대한 기로岐路에 서 있었다. 그 이유는 나라 안에 두 가지 떼려야 뗄 수 없는 큰 국민의 관심사 때문이다. 하나는 2년째 그칠 줄 모르는 방역 당국의 향방에 어떤 획기적인 변화가 있을 것인가? 라는 점과, 이와 맞물려 있는 3월 9일 치러질 대선에서 어떤 체제를 국민이 선택하느냐에 따라 나라의 운명이 초긴장 상황의 정국을 맞이할 수 있었기 때문이었다.

　지난 1894-1895년에 조선을 놓고 쟁탈전을 벌인 청일전쟁, 그로부터 10년 후인 1904-1905년 다시 한반도 영토를 두고 패권 싸움을 벌인 러일전쟁은 모두 힘없는 조선을 놓고 당시 대국이 무력으로 자국의 이익을 독식하고자 탐욕에 눈먼 제국주의의 망령에 지나지 않는다. 두 번 모두 승리로 이끈 일본 군국주의는 결국 우리나라를 식민지로 통치했다. 외세에 의해 열강의 틈바구니에서 가장 큰 고초를 겪어야만 했다.

도둑맞은 교회

무엇보다 3.1절은 기독교의 역사의식, 즉 불타는 애국심은 예수 그리스도를 믿는 신앙의 양심에서 연유되었음을 보여주는 자랑스런 거사였다. 우선 3.1에 거사를 행한 것에서부터 잘 드러난다. 왜 3.1이었는가? 그 이유는 3월 3일은 고종 서거로 인한 국장일로 임금에 대한 예의를 고려한 점, 그리고 3월 2일은 주일이었기 때문이다. 이렇게 주님 사랑, 교회 사랑, 나라 사랑의 영혼이 담겨 있었다. 그뿐만 아니라 당시 기독교인이 전체 국민의 1.5%에 불과했으나 민족대표 33인 중 16명이 기독교인이었다. (천도교인 15명, 불교 2명) 다시 말해 진정한 신앙인은 나라가 위태롭고 외세의 침략에 시달릴 때 침묵으로 방관하지 않았다는 역사적 교훈이다. 따라서 독일의 비스마르크(1815-1898)의 말과 같이 경험에서 배우기보다 과거 역사 — 나라 잃은 고통 — 가 주는 교훈에서 우리는 배워야 한다. 역사를 잊고 주체성을 잃으면 과거 불행한 역사를 반복할 수밖에 없기 때문이다.

지난 3년째 이른바 정치방역 온갖 시나리오 중에 백신패스제도를 22년 3월 1일부로 정부가 폐지한다고 발표했다. 그동안 모든 정치권은 이에 대해 침묵으로 일관했다. 그러나 '백신패스 반대 국민소송연합' 등 여러 시민단체가 그동안 줄기차게 소송을 제기하여 일부 승소 판결을 얻어내는 등 힘든 싸움을 전개해 오던 중 들려온 소식이다. 매일 약 20만 명 가까운 확진자가 폭증하는 속에서 더 이상 명분을 잃은 정부는 이와 같은 저항 앞에 백기를 든 셈이다. 하지만 백신패스로 국민의 신체 자유 결정권을 제한한 이런 초법적인 조치를 자행한 관련자에 대해서는 역사가 그 책임소재를 반드시 묻게 될 것이다.

그런 점에서 2020.3.9 대선은 이런 온갖 횡포, 불의가 묻히느냐 아니면 그 실상이 낱낱이 드러날 것인가? 의 총성 없는 전쟁이요, 대한민국의 미래가 어떤 체제로 고착될 것인가? 의 결단 앞에 서 있었다. 여기에 프로테스탄트로 불리는 그리스도인들이 어떤 선택을 하느냐가 관건이다. 당시 매주 광화문 집회에 같은 개신교도들이 장소를 달리하고 소속 단체를 달리해서 집회를 여는 안타까운 모습을 보았다. 그러나 주장하는 내용은 크게 다르지 않았다. 그러면서 3.1절 정신을 생각해 보았다. 타 종교인과 다소 이견이 있었으나 거사 일을 3.1로 합의한 점, 기미독립선언문을 누가 작성할 것인가? 논란이 있었으나 최남선으로 결정, 그리고 청원서로 할 것인가? 선언문으로 할 것인가?로 나뉠 때 마침내 선언문으로 합의점을 일구어냈던 바람직한 교훈을 새겼으면 좋겠다. 매번 우리 개신교의 가장 발목을 잡는 고질적인 아킬레스건 중의 0순위는 너도나도 으뜸이 되려는 자, 예컨대 소영웅주의의 망상으로 인한 분열이다. 이에 서로 질투하다 자승자박 내지는 상대 적진에 어부지리로 뜯기고 만다는 불안감을 선거를 눈앞에 둔 시점에 지울 수가 없다.

그렇다고 대중을 휘어잡을 수 있는 선동에 강한 끝내기 결정타가 있는 것도 아니다, 이게 아니라면 이쪽저쪽도 아닌 비호감 유권자에게 신뢰감을 주고 그들을 설득해 낼 수 있는 탁월한 정책과 지도력을 보여줘야 하는데 그렇지도 못하다. 이런 한 방의 결정타와 지도력 부재에서 드러난 현재 희미한 양상은 결국 비호감 세력의 선택으로 갈릴 공산公算이 크다.

대한민국, 아니 지도자가 하나님을 저버리면 하나님이 이 민족을 이방 나라에 수치와 조롱거리가 되게 해 버렸다는 성경의 엄연한 역사를 똑똑히 기억하자. 이에 이 땅의 깨어있는 그리스도인들이 남은 기간 기도함으로써 거짓과 권모술수에 능한 자, 대한민국 자유민주주의 체제를 부정하는 자, 교회를 암암리에 개편해 왔고 지금도 이를 서슴지 않고 있는 자를 경계하기 위해서라도 분열을 조장하는 소영웅주의를 버림으로써 최악의 사태를 막아야 할 것이다. 매년 3.1절에 교회는 하나님 나라와 애국을 분리하려는 몰역사성을 주의하고 그리스도인은 애국이 의무임을 잊지 말자.

숫자 공포에서 벗어나야 한다

고대 그리스 철학자요 수학자인 피타고라스 (582-500 B.C)는 숫자로 세상을 보았다. 그는 단어를 조합하여 소통과 논리, 영혼의 현상을 이해하듯이 이 세상 실체를 피타고라스 정리와 같이 숫자로 가르쳤다.

이런 주장을 결코 무시할 수 없는 이유는 현대에 와서 모든 영역에서 숫자의 위력을 실감케 하고 있기 때문이다.

예컨대 학교에서 입학 점수, 성적 점수 등으로 그 사람이 평가되는 것을 비롯해서 요즘 대학들 경쟁을 부추기는 1등부터 점수를 매긴 순위 서열화, 재벌기업 순위 1위에서부터 10대 기업의 순위서열화, 건강보험료 납부액에도 소득세, 재산세, 자동차 등의 점수에 따라 보험 수가가 달라지는 예, 그리고 대선을 앞둔 각 후보들의 심리전에 따른 지지도 순위 이 모든 것은 숫자가 없이는 논할 수가 없는 숫자의 위력이요, 마력을 일찍이 피타고라스는 간파했다고 볼 수 있다.

도둑맞은 교회

무엇보다도 우리나라를 비롯해 세계가 벌벌 떨어온 코로나 정국의 가공할 만한 공포 역시 연일 발표되는 숫자에 눌린 두려움이 아니겠는가?

한편 통계청이 발표한 우리나라 매년 사망원인 통계에 따르면, 폐렴으로 인해 사망한 환자는 아래 도표에서 보다시피 지난 11년 전부터 계속 증가추세로 2018년 23,280명이고 2019년에도 거의 비슷한 23,169명이었다. 이러한 폐렴은 사망원인 1위인 암, 2위인 심장질환에 이어 사망원인 3위를 차지하고 있을 만큼 적지 않은 수치이다.

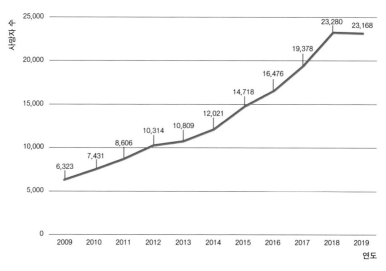

[표1] 지난 11년간 폐렴 사망자 수(통계청 발표)

이에 반해 정부 당국이 공식 제시한 지난 2년간의 지상 통계를 보니 2022.01.17 현재까지 코로나 총확진자는 636,032명. 이 가운데 사망자 6,333명, 백신 접종자가 [표2]와 준한 전체 국민의 84.78%인 약 4,350만 명으로 밝혀졌다.

이런 높은 강제 백신 접종 강요에도 불구하고 2022.01.14 당시 이로 인한 사망자가 무려 1,612명이나 된다. 이 중에는 20대 이하 코로나로 인한 사망자는 20대 이하가 단 한 명도 없었는데 백신 접종으로 인한 사망자가 5명이나 포함되어 있다. 이는 목숨이 인명재천人命在天이 아닌 정부의 강요 또는 마지못해 스스로 백신 접종을 선택했다가 우리 곁을 이슬처럼 사라져간 안타까운 생명들이다.

그런데 여기서 납득할 수 없는 것은 종전 2019년까지는 매년 폐렴으로 인한 사망자가 발표되었다는 사실이다. 통계청이 발표한 폐렴 사망자는 위에서 본 [표1]과 같다. 그러나 2020년 코로나 발병 이후 폐렴 환자는 별도로 보고되지 않고 있다. 따라서 코로나로 인한 사망자 속에 폐렴 환자가 포함되었다고 할 수 있다. 따라서 표에서 알 수 있듯이 폐렴으로 인한 사망자가 코로나로 인한 사망자와 비교할 때 약 4배나 더 많다. 다시 말해 코로나가 오기 전 독감이나 폐렴으로 인한 위험 때문에 강제 독감 주사를 국가가 국민을 상대로 강요한 적이 유사 이래 있었던가? 내 생에 한 번도 없었다. 아무리 군부독재, 유신독재라고 그토록 투쟁하며 지금의 권력을 잡았던 자들이 살았던 그때도 지금과 같이 무소불위의 권력을 행사하지는 않았다.

도둑맞은 교회

《 '15년 ~ '21.3월 인구수 및 남녀간 격차 》

※ 2021년 1~3월은 전월대비 증감(단위: 명)

구분 (연도)	'15	'16	'17	'18	'19	'20	'21.1.	'21.2.	'21.3.
인구	5,153만	5,170만	5,178만	5,183만	5,185만	5,183만	5,183만	5,182만	5,171만
전년 대비 증감	20만	17만	8만	5만	2만	△2만	△0.3만	△0.2만	△12만
격차 (여·남)	1만	4만	7만	9만	12만	14.7만	14.9만	15.1만	13.1만

[표2] 통계청 자료 최근 우리나라 인구수 변천사

한편 자살통계를 보면 2007년까지 4년 연속 줄어들어서 1만 2,400여 명까지 줄어들던 자살자 수가 2018년에는 무려 1만 3,200명, 2019년에는 1만 3,367명, 2020년에는 13,018명이 스스로 목숨을 끊었다.

제1조 ②항에 대한민국은 민주공화국으로서 "대한민국의 주권은 국민에게 있고, 모든 권력은 국민으로부터 나온다."라고 명시되어 있고, 제10조에 "모든 국민은 인간으로서의 존엄과 가치를 가지며, 행복을 추구할 권리를 가진다. 국가는 개인이 가지는 불가침의 기본적 인권을 확인하고 이를 보장할 의무를 진다."라고 한 것 같이 개인의 존엄과 가치, 행복을 누릴 권리가 있고 이를 위해 국가는 책임지고 지켜 주어야 할 의무가 있다. 이것이 자유민주주의 국가를 채택한 이유이다.

그럼에도 불구하고 지난 2년간 전염병이라는 최악의 도구로 정치권력의 공작화에 여념이 없다. 그 결과 국민들은 불안에 떨고 민심은 갈기갈기 찢겨진 채 불신 풍조가 만연해 심지어 서로가 서로를 감시하며 통제하는 전제국가 시대나 다름이 없는 시대를 살아가고 있다. 끝내는 백신 강제 접종 패스 제도라는 국민의 개인 사생활에 이르는 모든 자유까지 억압 통제 박탈하는 초강수를 두고 있다. 이에 백신 접종으로 인해 가족을 잃은 유가족들은 모임을 결성하여 청계광장에 분향소를 설치하고 정부를 상대로 '우리의 죽음은 대한민국 정부의 인재입니다'라고 하여 억울함을 호소하는 울부짖음이 하늘을 찌르고 있다.

이런데도 교회가 할 수 있는 일이 고작 백신패스 찬성하고 결국 교회 예배 입장에 인원수 제한 때문에 갈라치기 하느라 여념이 없었던 현실을 개탄하지 않을 수 없다. 정부는 국민에게 종전에 이미 겪어 온 독감에 따른 폐렴과 지금의 코로나를 혼동하지 않도록 공정하고 진실하게 알리려는 양심적인 일부 전문의들의 입을 봉쇄하거나 차단하지 말아야 한다. 무엇보다 교회는 국가가 유가족의 멍든 가슴으로 피맺힌 절규하는 그들 눈물을 닦아주고 치유하는 고난의 길, 필요하다면 저항의 길 가기 위해 종교인의 허위 의식에 숨지 말고 담대한 기수가 되어야 할 것이다.

복음은 악한 권력에 결코 맹종하는 물타기가 아니기 때문이다. 복음은 숫자로 천하보다 귀한 한 영혼을 평가할 수 없다. 도리어 복음은 숫자 공포에서 벗어나게 한다. 숫자로 묶인 이 나라 모든 영역에 죽은 나사로를 "풀어 놓아 다니게 하라."라고 한 말씀처럼 동장군보다 더 꽁꽁 얼어붙게 만든 이 백성들을 풀어헤쳐

놓는 게 진정한 복음의 능력이다.

  따라서 전도가 막힌다고 순응한 그 결과의 그 손실에 대한 책
임과 본질에서 이탈한 데 대해 한국교회는 동일시 회개하여 교회
의 본질을 되찾아야 할 때라고 본다.

빅브라더 시대를 경계하자

〈손자병법〉의 '군쟁軍爭'편에서는 속이는 것을 병법으로 인정하는 게 성립한다兵以詐立. 이처럼 손자병법은 사기술을 기본으로 한 군사전략의 군사학상의 일대 혁명을 언급한다.

예컨대 사기술詐欺術에 이런 내용을 담고 있다. '적이 이익을 노리면 유혹을 하고, 적의 내부가 혼란하면 공격한다. 적의 대비가 충실하면 철저하게 대비를 하고, 적이 강력하면 피한다. 적이 불 같은 성격이면 짜증이 나게 만들어 이성을 잃게 하고, 적이 신중한 성격이라면 오만하게 만든다. 적이 쉬려 하면 피로하게 하고, 적이 단합되어 있으면 분열시킨다. 적이 대비하지 않는 곳은 공격하고, 적이 예상하지 못한 행동을 한다.' 이 말은 모택동의 16자로 된 전법과 일맥 소통한다. 즉

적진아퇴敵進我退 — 적이 진군하면 아군은 물러나 피하고

적주아교敵駐我攪 — 적이 주둔하면 아군은 교란한다.

적피아타敵疲我打 — 적이 피폐해지면 아군은 타격하고

적퇴아추敵退我追 — 적이 물러나면 아군은 추격한다.

모택동은 이와 같은 전법으로 국민당이라는 강적을 열악한 공산당으로 상대했다. 이런 전략은 이미 춘추전국시대에 있었다. 오나라吳國 역시 초나라楚國를 상대하면서 "적이 대비하지 못했을 때 계속 소란스럽게 하여 적으로 하여금 실수를 하게 만든다."라는 게릴라전으로 전력적인 열세에도 불구하고 초나라를 무너뜨리게 된다.

오늘날 참으로 혼란스러운 주장들이 난무하는 것들 중에 민주주의를 말하는 진보주의 주사파들조차도 안보를 논하고 한미동맹을 강화해야 한다고 거짓을 표방하고 있다는 사실이다. 상식적인 개념으로는 거짓말을 수치스럽고 도덕적인 기준으로 해석해서 멀리한다. 그러나 권력을 탐하여 정치적인 술수에 능한 자들은 거짓을 전략적으로 교묘하게 수용하고 병법으로 사용한다는 점이다.

나아가서 백성의 눈을 멀게 하고 관심을 끄게 하며 두려움을 갖게 하는 등 결국 반복된 학습에 의해 세뇌 과정을 통한 우민화를 이룩하여 감시와 통제된 사회로 끌고 간다.

조지 오웰의 소설 〈1984〉에 나오는 용어 '빅브라더'의 시대가 바로 그것이다. 그런 시대가 부지불식간에 이미 우리 곁에 와 있다고 해도 과언이 아니다. 왜냐면 이 용어가 '정보의 독점과 감시를 통해 사람들을 통제하는 권력'이란 의미이기 때문이다. 긍정적인 면을 주장하는 집권자들의 주장은 사회의 보호적 감시라고 미화하지만, 심각한 이념 갈등을 겪고 있는 대한민국의 현 체제를 보노라면 이는 음모론에 입각한 권력자들의 사회 통제 수단의 부정적인 의미가 더 짙다. (예: 주민자치기본법안의 경우)

현재 우리가 처한 사회는 불편한 자유보다는 편안한 속박과 통제된 사회, 걸핏하면 영업 제한에 불안한 영업보다는 차라리 대선주자가 공약하는 달콤한 지원금에 기울어진 마음, 이런 탁류가 교회에도 여지없이 흘러들어와 코로나 시대에 불안한 예배 고수보다는 편안한 압박에 예배 포기라는 부끄러운 반응을 보이고 마는 실정이다.

이렇게 되면 코로나가 이런 국가와 반대되는 우리 개인의 자유는 철저히 무시되고 사악한 통제 사회로 만들어 빅브라더 사회로 가게 될지도 모른다. 급기야 우리 뇌마저 인터페이스가 되어 로봇이 움직이는 가상 세계로 인류를 이끌어 갈지 모른다.

따라서 사기술로 인한 국가통제를 거부하고 경계해야 할 때다. 더욱이 앞으로 가상 우주 공간에 탐닉하여 하나님의 창조 명령과 자기 정체성을 잃어버리게 하는 메타버스(metaverse)의 위험성이 가져올 인간 해체와 상실을 우려하지 않을 수 없다. 이

도둑맞은 교회

런 시대에 영적으로 깨어있는 토인비가 말한 '창조적 소수(creative minority)'가 깃발을 들고 편안한 통제 대신 불편한 자유를 추구하고, 가상공간의 만남이 아닌 하나님과의 초월적 만남과 그런 영혼이 교류되는 상호작용의 강화에 주력한 창조성을 회복하는 일에 앞장서야 할 때이다.

예배 거부당한 젊은 부부 얘기를 듣고서

— 교회는 성경으로 세상을 해석하자

지난 2022년까지만 해도 예배가 자유롭지 못할 때 어느 젊은 부부가 자신이 출석하는 교회 주일예배에 갔다가 문 앞에서 백신 미접종자라는 이유로 본당 출입을 거부당했다고 한다. 그것도 외부 세력들에 의해서가 아닌 교회 측 단속반에 의해서다. 아마 그즈음 다시 발표한 정부의 방역강화지침에 지금까지 잘 따른 교회였기 때문일 것이고 그렇게 하는 게 교회 내부적으로도 갈등을 해소하는 보편적인 실태의 한 단면을 보여주는 실례이다.

한국교회가 지나오면서 신학적 교리나 복음의 본질 등에 있어서 해석 차이로 몇 번의 분열을 거듭해 온 것이 사실이다. 그런데 세계적인 코로나 팬데믹으로 인한 정부와 교회, 세상(사회)과 교회, 감염병 예방과 예배 준수라는 상관관계 등에 있어서 교회와 정부는 말할 것도 없고 교회 내부에서도 여전히 해석의 차이를 좁히기에는 요원하다. 왜냐하면 종교 기득권 가진 자들이나 정부

도둑맞은 교회

측의 지침에 순응할 뿐 이들과 뜻을 달리하는 또 다른 교계 내부에서는 상반되는 주장이 만만치 않기 때문이다. 그 주된 이유는 이것이다. 즉 정부가 교회 절대 고유 영역인 예배 인원마저 임의 대로 늘렸다 줄였다 개입하는 것은 명백한 종교의 자유 침해라는 부당성에 대한 문제 제기다. 이런 일에 소수를 제외하고는 모든 교단 수장들이 별다른 소리를 못 내고 있다. 그 결과 지난해 초기 어느 때부터 인가 별도로 감염병 예방 조치법을 줄곧 제정하여 교회를 압박할 때 믿고 맡긴 교계 지도자들이 권력 앞에 역할을 다하지 못하고 속수무책 무릎 꿇었던 그 책임이 크다고 본다.

설상가상으로 최근에 와서는 지난해 2월부터 시작된 백신 접종으로 멀쩡한 우리 주위의 어린 자녀들과 가족의 사망 소식이 줄을 잇고 있다. 확진으로 인한 사망자 2년 수치에 비해 1년도 채 안 된 접종 사망자가 더 늘었었다. 이들 유가족들은 영정 사진을 들고 책임적인 답변을 국민을 대변하는 국회에 요구하지만 의원들 역시 침묵이다. 도리어 정부는 인과관계가 없다고 발뺌까지 하거나 정부 지침의 정당성에 흠집 날까 두려워 몸 사리기로 침묵하고 있다.

그러면 교회가 약자와 억울한 민심을 대변해야 하는데도 최근 몇 년 사이에 붉어진 진영논리로 오늘의 이런 국민들이 부대끼고 있는 심각한 현안을 희석해 버린 나머지 교회 내부에서마저 양극단으로 치닫느라 좌충우돌이다.

이런 사이에 결국 이제는 미접종자가 아이러니하게도 차별받는 사회가 되어 가고 있다. 그토록 줄지어 겉과 속이 다른 평등법, 차별금지법 제정 주장하던 거리의 투사 의원들의 소리는 이때만큼은 제 편 껴안기에 여념 없어 하나같이 조용하다.

백신의 접종 여부는 과학이요 의학이라고 하는데 이의가 없지만 그러나 백신 접종을 받은 자만 교회 예배에 올 수 있다고 하는 이런 규정들을 계속 받아들이기 시작하면 친정부적이고 반정부적인 그런 차원이 아닌 교회가 기준이 없고 사회에 종속된 개념으로 전락하기 쉬운 위험에 빠지고 만다는 중요한 사실을 간과하고 있다. 따라서 백신 접종 여부에 따라 예배하러 오는 성도를 정부의 지침을 무비판적으로 수용하여 거부하는 교회라면 힘가진 자들로부터의 책임은 면할 수 있을지 모르나 그런 하나님을 찾으러 온 영혼을 거부한 그 책임은 실로 엄중하다 하지 않을 수 없다.

그런 점에서 기독교 신학자가 해석해야 하고 목회자는 성도들에게 종교의 영역과 사회의 영역을 이분법으로 나누거나 그렇다고 아예 언급하지 않거나 하는 그 어떤 것에도 동의할 수 없다. 교회는 복음으로, 성경으로 세상 살아가는 사람들에게 이 세상에 일어나는 일들에 대해 해석해 줄 수 있어야 한다. 예컨대 정부 지시대로 하는 것을 지금은 대의명분으로 삼는 사람들이 대부분이라 해도 과언이 아닐 것이다. 그러나 언젠가 공식적으로 지금 이런 백신에 대한 진의가 밝혀지고 나아가 큰 피해가 과학적으로 공개될 날을 한 번쯤은 염두에 두어야 하지 않을까?

도둑맞은 교회

그때 이 엄청난 사건에 연루된 당사자들로 인한 피해는 일본의 히로시마 원폭 피해와는 비교가 되지 않을 만큼 전 세계적인 공분을 사게 될 것이다. 그뿐만 아니라 역사에 원흉으로 남아 기록될 것을 생각한다면 현 체제에 따르는 게 우선 생활의 불편이 없고 귀찮지 않고 불이익당하지 않으려다 더 큰 화를 당하는 일은 없길 바라는 마음이 간절하다.

이에 좀 더 교회가 현재 이 사태를 침묵하거나 체제 순응적이기보다 마지막 때 성경에서 정작 받지 말라고 했을 때 받아서는 안 되는 그때를 대비하기 위해서라도 신학자들과 목회자들이 나서서 지금의 국민들이 갈등하는 문제에 외면할 게 아니라 적극적인 노력을 경주하여 불안과 갈등을 치유하는 성경적인 해석과 선언문이 나와야 한다고 본다.

한국교회 목사님들에게 보내는 서신

　　"세상의 불의를 보고도 방관하는 자들은 지옥에서조차 거부당한다." ― 시인 단테.

　　"악이 승리하는 데 필요한 유일한 조건은 선한 사람들이 아무 행동도 하지 않는 것이다." ― 영국 정치가 에드먼드 버크.

　　「위의 두 명언을 아래와 같은 나의 주장을 위한 핵심 요지로 제시하면서 오늘 동시대를 사는 존경하는 감리회 모든 목사님들께 고합니다.

　　지난 2020년 감리회 선교국 안에 오래전부터 임의단체로써 네거티브한 일부 자칭 인권 운동하는 목사들이 감리회에서 범과로 규정하고 있는 동성애를 옹호하고 반성경적인 주장들을 내세우며 활동하고 있음을 목격하게 되었다. 이 일을 계기로 저는 현재의 '감리회거룩성회복협의회(약칭 감거협)'를 뜻있는 몇 분의 목사님들과 모여 출범하게 되었습니다. 그리고 지금까지 위급한 시대 상황을 결코 침묵하거나 외면할 수 없기에 매달 기도회와 세미나를 전개하면서 연대하여 싸우고 있습니다.

그러나 이 싸움이 악한 정권의 비호를 받는 범주를 벗어나지 못하는 한 그 결과는 뻔하겠다는 우려의 마음을 가진 위기의식에 함께 나누고자 합니다.

그것은 아무리 해박한 신학적 소양도, 시대를 외면한 자랑할 만한 교회라 할지라도 현 코로나 족쇄로 채워진 교회를 보면서 무슨 복음의 능력이라고 감히 말할 수 있겠는가? 하는 시대를 피부적으로 경험하고 있기 때문입니다. 유감스러우리만치 주사파 이념으로 무장된 자들에게조차 저항할 수 없이 무릎 꿇는 무력한 교회와 번드르르한 신학에 머물러 있다면 어찌 감히 생명을 건 복음이라 할 수 있겠는가?라고 하는 질문과도 같습니다.

그런 정도에 지나지 않으면 차라리 복음을 빙자한 샐러리맨이요, 생계용 복음을 외치는 목사라고 해야 더 솔직한 표현이 아니겠는가? 라고 자조하게 됩니다. 예컨대 '나도 동성애는 죄라고 여기지만 그런 것 반대하는 운동은 내 생계용 교회 땜에, 남의 눈치 땜에 참여하긴 곤란하다.'라고 말입니다.

또한 '코로나로 정치하는 게 잘못된 줄은 알지만 다른 사람을 위해 혹자들은 이웃사랑이라는 구실로, 교회가 세상으로부터 지탄받지 않고 먼저 본을 보이기 위해서라도 정부 방역시책에 따라

야죠!'라고 말입니다.

이런 자기 몸보신용과 초라하고 궁색한 변명을 일삼은 자들로 인해 교회를 이 지경으로 추락시키는데 공조했다.라고 혹평한다면 지나친 억측일까요? 아니면 인정하고 싶지 않으면서도 한편으로 본심의 심기를 건드린 불편한 진실인가요? 겸허히 생각해볼 일입니다.

지난주에는 한국교회를 대표한다면서 매스컴에 매번 정권 때마다 무슨 교회 아바타처럼 등장하는 최근 모 교단의 수장을 지낸 목사가 ― 이념도, 신념도, 소신도, 줏대도 없는 ― 이제 와서 이번에도 정부에게 교회를 대표하는 것처럼 "방역 완화 요구 처참히 무시당했다."라고 뒷북이나 치는 소리를 했습니다. 앞에서 요란한 소리는 다 내면서 교회의 위상을 한낱 현 정권의 시녀로 전락하게 했고 교회 망신살이 하는 조타수操舵手 역을 자처하고 있습니다. 그 결과는 세상의 비웃음거리 되게 한 선봉장의 대명사로서 훗날 역사적인 책임을 물을 날 면할 길이 없을 것입니다.

한편 지난해 프레스센터에서는 평등법, 차별금지법, 건강가족기본법 등의 문제를 알리는 서울지역 시민공청회가 열렸습니다. 이 공청회에 참석한 김회재(더불어민주당) 의원이 국회 현 실태를 밝혔습니다. 그가 말한 내용 중 "현재 동성애, 동성혼, 건강가족기본법 등 속에는 자신이 보기에 헌법에 어긋난 처벌과 독소 조항이 있다는 사실을 알고 있다. 그러나 자기 동료 의원, 심지어 믿음 좋다는 의원조차도 '그 평등법 좋은 건데 왜 반대하느냐?'라고 반문하더라."는 것입니다. 이어서 김 의원은 현재 국회 분위기는 그런 법안이 여느 해처럼 논의조차 없이 폐기된 것과는 달리 지금은 일부 강경파들의 목소리가 만만치 않다는 소식도 전했습니다. 즉 이토록 의원들마저도 이런 제기된 악법에 대해 전혀 전이해가 안 되었다는 얘기입니다.

따라서 우리 목회자들이 앞에서 충격요법으로 언급한 자신의 현주소를 겸허히 받아들이고 국회에서 만지작거리고 있는 불의한 정책과 동성애를 내가 속한 목회 현장과 별개로 여기고 안일한 자세로 방관해도 될 가벼운 사안이 아님을 자각해야 합니다. 나아가 동성애 반대만의 단순한 해결 및 이와 유사한 교회 수호 투쟁만으로는 지극히 한계성이 있다는 사실도 유념해야 합니다. 이런 악법들은 결국 교회가 직접적인 타격이 있다는 점을 인식하고 좀 더 행동하는 양심으로 이 선한 싸움에 대의를 위해 지나치게 수세적이고 소모적이고 사변적인 논쟁에서 탈피해야 합니다.

아울러 목회자로서의 신학적으로 정리된 입장을 확고하게 견지하되 이 시대 영적 안목을 가진 소신과 결단이 분명해야 합니다. 이 일에 누구보다도 우리 목회자들이 먼저 깨어 있어야 합니다. 왜냐하면 이 심각한 독소 조항이 숨어있는 법안들이 통과되지 않기 위한 최후의 보루는 이 땅에 세우신 교회가 지켜야 할 일이기 때문입니다.

이것이 주님이 세우신 교회에 주신 하나님의 전적인 개입하심이 아니고서는 숱한 이름 모를 법안들이 통과되는 건 시간문제임을 결코 잊거나 방관해서는 안 되는 이유입니다.」

때로는 해결사, 때로는 살림꾼

　　　　　　　　지난 2년 전 9월 2일 우리나라 홈구장에서 2022년 카타르 월드컵 최종 예선 1차전인 이라크와의 경기가 있었다. 결과는 많은 슈팅에도 불구하고 0:0 무승부로 끝났다. 이에 몇몇 언론에서는 손흥민(1992년생) 선수의 부진을 다루었다. 평소 내가 볼 때도 왜 대표팀만 오면 부진할까? 할 만큼 궁금했다. 경기 후 일부 기사는 이런 제목이었다. "대표팀만 오면 침묵, 손흥민 부진 해법 있나", "대표팀에서만 실종되는 손흥민의 득점력을 찾습니다" 그리고 2년 전에도 이와 비슷한 "토트넘의 손흥민과 국가대표팀의 손흥민은 왜 다를까"였다.

　이런 내용의 기사가 몇 년 전부터 계속 다루어져 왔다. 소속팀과 대표팀과의 온도 차가 크다. 이러한 손흥민의 경기력 차이는 몇 년째 되풀이되는 고민이다. 물론 토트넘과 대표팀의 훈련 환경과 선수 구성의 차이가 가장 큰 원인으로 꼽히고 있다.

소속팀 토트넘 감독과 국대 벤투 감독의 팀 전술상의 차이가 손흥민에게는 적지 않게 작용하리라. 즉 국가대표 경기에서는 손흥민을 2선에 배치, 주로 공격형 미드필더 혹은 측면 공격수로 활용한다. 그 이유는 벤투호 최다 득점자 황의조(보르도)의 활용 때문으로 전문가들은 말한다. 대표팀에서는 황의조 등 팀 동료들을 살리는데 치중하는 양상이다. 따라서 황의조가 부진했을 시 전체적으로 대표팀 공격이 전체적으로 풀리지 않는 답답한 경기로 끌어가고 만다는 점이다.

그런 그가 잉글랜드 프리미어리그(EPL)에서는 펄펄 난다. 어떤 경우 3경기 중 2경기서 결승골 을 넣는가 하면 한 경기 멀티 골도 작동하는 등 승승장구하는 소식을 고국에 전해주곤 했다. 그런데 이번 국내 경기에서도 국가대표팀 유니폼을 입고 난 후 우리나라 감독을 역임하여 우리나라 선수를 잘 아는 아드보카트가 감독으로 있는 이라크의 전담 마크와 밀집 수비에 크게 역량을 발휘하지 못한 채 무득점에 그쳤다.

손흥민의 이름값에 어울리지 않는 경기가 벤투 감독 때 두드러진다. 벤투호에서 그의 기록은 21경기 불과 4골 7도움으로 다른 감독들이 있었을 때보다 의외로 골이 적은 대신 도움이 상대적으로 많은 것을 보면 알 수 있다. 그가 A매치 91경기 중에서 27골 16도움을 기록하고 있다. 더 거슬러 올라가서 2010년 19세에 유럽 진출 이후 현재까지 11년 동안 2021.1월 현재 유럽 무대 150골을 달성했다는 기사를 보았다. 이것은 아시아 선수로서는 최초이며, 차범근 (전) 국가대표 감독이 유럽 무대에서 약 11년간 선수로 뛰면서 달성한 121골을 넘어서는 기록이다. 그는 의심할 필요도 없이 골 결정력을 지닌 최고의 골잡이다.

그런 그가 왜 국가대표팀 경기를 하면 골 가뭄으로 국민들의 성원에 부응하지 못하는 것일까?

이에 대한 또 다른 원인으로 다음과 같은 점을 축구전문가들은 지적한다. 손흥민이 국가대표선수로 게임 할 때는 캡틴이 되기 전과는 달리 현재 캡틴을 맡고 난 때는 해결사이기보다는 살림꾼 역할로서 하다 보니 팀 전체의 조화를 살려야 하고 전체를 챙겨야 한다는 책임감으로 인해 골이 거의 나오지 않는다는 분석이 지배적이다.

그래서인지 손흥민은 탁월한 개인기로 돌파에 성공한 뒤 곧바로 마지막 골 결정력을 터트려 주었으면 하는 그 순간에도 슈팅 찬스를 다시 빈 공간에 있는 동료들에게 패스를 전달하고 마는 등 시종 그런 플레이로 일관했다. 이렇다 보니 세계 최고 수준의 골 결정력을 갖춘 손흥민의 능력이 정작 대표팀에서는 발휘되지 못한 이유이기도 하다. 한편으로는 무관중이긴 했으나 안방에서 지켜보는 축구전문가나 국민들에게는 너무 안타까울 뿐이었다.

따라서 손흥민을 최대로 활용하여 그가 지닌 공격본능의 극대화가 필요하다. 소속팀에서 해결사 역할을 맡긴 것처럼 국가대표팀에서 뛸 때도 살림꾼으로서 보다는 해결사로 기용하여 승부수를 띄우는 게 어떨까 하는 생각을 비전문인으로서 갖게 된다.

축구는 골로 승부가 결정되기에 결정적인 찬스에 한 방을 터트려 골 결정력을 보여주었으면 하는 게 응원하는 관중들이나 축구 마니아들이 스타 플레이어에게 거는 여망이다.

세계적인 스타 플레이어가 일시적인 컨디션 난조로 제기량을 발휘하지 못하는 것에 대해서 나무랄 자 없다. 그러나 그런 탁월한 선수를 보유하였음에도 그의 기량과 활용도를 극대화하지 못한다면 감독의 전술적 책임에 문제가 있다. 단순히 운동이 좋아서 하는 아마추어가 아니기 때문이다. 적어도 축구를 매일 업으로 하는 감독에게는 국가에서 대표팀과 선수 관리를 위해 여러 전문인들이 감독을 돕도록 4~5명의 코치, 피지컬 트레이너, 의무팀장 등이 따른다. 그뿐만 아니라 다양한 각도에서 과학적인 데이터를 가지고 연구하는 전력 분석관 등도 동원된다.

이와 같이 교회도 목회자와 성도와의 관계를 놓고 볼 때 어떤 사람을 어느 위치에 어떻게 기용하느냐에 따라 교회 분위기나 교회 흐름이 달라질 수 있다는 점에서 오버랩된다. 축구에서 감독의 용병술에 따라 선수 기용이나 뛰는 위치가 바뀌듯이 목회자도 영혼의 감독이란 점에서 일맥상통한다. 즉 교회도 묵묵히 받쳐주는 살림꾼이어야 하는 성도가 있고, 어떤 경우 결정적인 문제를 만났을 때, 또는 교회가 감당해야 할 큰일을 과제로 주어졌을 때 성령으로 충만한 해결사로서 역할을 잘 감당해야 할 성도가 있어야 영적 전쟁에서도 이기고 세상에 희망을 줄 수 있다는 얘기다.

그러면서 교회에서의 사역을 잠시 생각하게 된다. 목회자에게도 전문인력이 받쳐 줄 때 좋은 꼴을 먹일 수 있고 건강한 성도를 만들어 사회에 나가서 공부하고 직장생활을 하고 기업을 운영하며 정치를 할 때도 그 속에서 영향력 있는 신앙인의 실력을 발휘할 수 있지 않겠는가 하는 생각이다.

목회자 혼자 모든 것을 감당하기에는 역부족이고 짐이 너무 무겁다. 따라서 상담이면 상담, 교육이면 교육, 육체적으로나 정신적으로 치유가 필요한 경우에는 그런 복음으로 무장한 전문인력을 구비할 수 있는 재정적인 뒷받침이 되는 교회라면 더 말할 나위가 없이 바람직한 교회이다. 그렇게 함으로써 목회자는 교회 전체의 큰 틀을 구상하면서 하나님의 뜻을 구하며 운영해 가는 영적 시스템이 작동된다면 세상을 치유하는 가장 바람직한 교회가 되지 않을까?

목사의 가이드라인

혼히들 '목사는 정치하면 안된다.'는 말을 심심찮게 듣는다. 동시에 이에 대해서도 서로 갑론을박이다. 따라서 가이드라인이 필요하다. 최소한 두 가지 점에서 구분되어야 한다.

즉 목사는 정치 얘기를 해서는 안 된다. 와 정치인이 되어서는 안 된다. 를 혼돈하지 말아야 한다. 사람은 정치적인 동물이다. 이에 태어나면서부터 정치인이 만들어 놓은 육아, 아동법, 교육법의 영향을 받아 살아가는 자체가 정치와 분리될 수 없는 긴밀한 존재임을 함축하고 있다. 또 일정한 나이가 되면 정치하는 자들을 뽑는 참정권의 권리를 가지고 주권을 행사하는 것 역시 대표적인 정치 행위에 속한다,

그렇다면 정치에 대한 몰이해로 어느 특정 집단을 정치에서 떼어 놓으려는 매우 편협한 생각이나 자세보다는 누구든 정치 얘기

도둑맞은 교회

를 하되 다만 접근 방식의 문제와 해법의 차이에 이견異見이 있을
뿐이다.

목회자는 영적 가이드이다. 그러므로 교인을 구원의 길로 인
도할 뿐만 아니라 구원받은 백성들이 세상에 나가서 어떻게 하나
님 나라 백성으로 살아가야 할 것인지에 대한 전반적인 삶을 성
경적으로 터치해 주어야 하는 게 목회자의 책무이다. 그런 점에
서 주로 신학적인 학습이 결여된 외골수적인 기질을 가진 자들이
'목회자는 강단에서 정치 얘기를 하면 안 된다.'는 식의 잘못 학습
된 주장은 시대착오적이고 복음에 대한 무지요 오해에서 나온 편
견에 지나지 않는다.

왜냐면 정치에 침묵하고 무관심한 사이에 악법 조항이 들어 있
고 국민 대부분이 잘 알지도 못하는 이름도 생소한 법안들이 발
의된 형국에 살고 있기 때문이다. 이렇게 되기까지 우리나라의
최근 상황을 보면 복음으로 지켜온 한국, 자유민주주의가 주사파
들이 득세하여 실제 그들이 권력의 핵심 대부분을 장악하고 있음
을 우려한다.

그러다 보니 그런 초법적인 권력 행사로 때로는 헌법을 유린하
거나 나아가 하나님의 법 위에 군림하여 충돌하는 경우를 보게
된다. 유감스럽게도 최근 들어 교권이 힘을 잃어 권력 앞에 쫄고
침묵하는 사이에 현재 심각한 공교육 현장의 학생 인권조례, 동
성애로 인한 역차별의 포괄적 차별금지법, 평등법, 건강가정기본
법 등이 어떤 상황에 와 있는지를 아는 그리스도인들은 그리 많

지 않다.

급기야 다수 주사파 의원들에 의해 국회를 장악한 나머지 앞에 열거한 법안들이 통과 직전에 와 있다는 사실조차도 알 길이 없이 속수무책이다. 따라서 여전히 방관자의 자세로 내 교회만 지키는 것이 복음적인 교회라 착각하고, 안전할 거라고 여기며 뒷북만 치고 있지는 않은지 뒤늦게 개탄하기보다 정치 현안들에 대해 깨어있어야 할 때이다.

이런 심각성에도 불구하고 교단 안팎의 폼나는 크고 작은 권력욕과 명예욕을 거머쥐려는 자중지란自中之亂에 빠진 헤게모니 싸움, 한편으로는 내 목회 현장만이 전부라고 붙들면서 안일무사에 빠져있는 무기력 증세가 심화되는 한 다수당의 횡포에 속절없이 당하게 되고 한국교회 미래는 시한부 인생이나 다름없다는 경종을 울린다.

따라서 복음을 핑계로 한 이분법적인 사고로 현 상황을 에둘러 피하거나 방관자의 자세로 무임승차하지 말고 복음에 직면함으로써 고난의 십자가를 기꺼이 지고 가는 산 증인들이 필요하다. 그리하여 훗날 역사에 부끄럽지 않은 그리스도인, 목회자의 길을 걸었던 그들을 주님이 남겨놓으심으로써 우리 한국교회와 이 민족을 위기에서 지켜주셨다는 깨어있는 산 역사의 주역들을 하나님은 지금 찾으신다고 본다.

도둑맞은 교회

감리회 거룩성 운동은 왜 필요한가?

현 감리회 제도권은 이미 길잃은 미아 상태에 비유할 수 있다. 매번 감독선거 때마다 보는 것은 자리싸움에 연연한 나머지 과욕이 지나친 경쟁심으로 촉발되다 보니 이후 뒷소문은 10년 전이나 지금이 여전하다.

정책 대결은 거의 공약 자료집 내기 위한 형식에 불과하다. 설사 정책을 내놓았다 한들 당사자 재임 기간의 일회성 정책일 뿐 평소 감리교회 모든 구성원들의 목회 현장에 필요를 채울 만한 일관성 있는 공약은 거의 드물고 연속성조차도 찾아보기 힘들다. 그 이유는 해당 연회안에서 다수의 목소리를 수렴하여 충분한 논의를 거쳐 합의된 요구에 따라 정책을 제시한 정책이라기보다는 당장 감독 출마자들의 이벤트성, 혹은 과시성 공약을 남발하기 때문이다.

더욱이 '나 아니면 다른 사람이 감리회를 어지럽게 만들거나 차지할 테니 그냥 놔둘 수 없다'라고 말하면서 나서는 분들 자신도 사실상 '교회는 적어도 이래야 한다'는 떳떳하고 자랑스럽게 내세울 만한 거룩한 선거풍토 하나마저 제대로 세워놓지 못하고 있는 현실이다.

그러기에 지리멸렬한 악순환은 계속 반복될 수밖에 없다.

나는 그동안 이러한 제도권 안의 온갖 볼썽사나운 모습들과 한계성이 여실히 드러나는 것을 접하면서 한 가닥의 기대마저 접은 지 유감스럽게도 오래다. 하지만 감리회 제도권의 희망은 사라졌을지라도 존 웨슬리가 '나는 감리교회가 사라지는 것을 두려워하기보다 능력 없는 죽은 종파가 될 것을 두려워한다.'라고 한 말을 떠올려 본다. 그리하여 제도권 밖에서 그가 남긴 성경에 근거한 핵심적인 교리와 보편적인 진리를 붙드는 한에서는 얼마든지 여전히 희망의 불씨는 다시 지필 수 있다고 본다.

실제로 감리교회 제도권 밖에서 그래도 실천적 의지가 분명하고 성실하게 목회하는 분들이 있었다. 또 교회론과 복음이 분명한 신학자들 가운데 뜻을 같이하고 있는 분들을 만나게 되었다. 이런 분들을 중심으로 일명 '감리회거룩성회복협의회'(약칭 '감거협')를 2020년 7월 발족을 하였다. 위에서 언급한 단 한 가지 목적 때문이다.

이후 훗날 역사에 부끄럽지 않아야겠다는 충심을 담은 나비효과의 심정을 가지고 미미한 소리라도 내고자 거룩성 회복 운동의 길을 최근 이어가고 있는 이들에게서 희망의 샘이 솟아오른다.

무엇보다 이런 일을 하기 위해 빼놓을 수 없는 우선순위가 있다. 그것은 모세가 지도자 계승을 놓고 하나님께 기도하자 하나님이 모세에게 "눈의 아들 여호수아는 그 안에 영이 머무는 자('신에 감동된 자')(민27:18)"라는 말씀이다.

그 전 주 새벽기도회에서 강하게 도전받게 해 주신 말씀이었다. "성령의 사람=성령의 인도함 받는 자, 성령을 좇는 자, 성령으로 사는 자…"

그렇다. 그러기에 성령 안에서 주님의 뜻을 묻고자 새벽마다 무릎으로 우리 마음보다 크신 주님께 묻는 것은 이런 일 하는 분들에게는 자기관리에 소홀히 할 수 없는 기본 중의 기본이라고 본다.

'유모차'는 차별이라
'유아차'로 불러야 한다?

얼마 전까지만 해도 보편타당하게 쓰고 있던 성(性: 육체적, 심리적, 사회적 측면에서 남성과 여성을 구분하는 특질)에 관한 용어가 요즘 들어 그다지 상용화되지 않은 낯선 '젠더'라는 용어가 등장하여 공공기관에서 교육까지 실시하고 있다. 기존의 성이라 함은 태어날 때부터 규정되는 생물학적 성, 즉 남, 녀 양성을 말하는데 아무 이의가 없었다.

그러나 '젠더(gender)'라는 용어를 쓰게 되면 대상과 행위 자체가 달라진다. 예컨대 단순히 양성 평등론이 아닌 성차별을 극단적으로 주장하는 페미니스트(feminist)에게는 성별을 지칭할 때 성(sex)를 대체하는 용어이다. 따라서 젠더는 남, 녀를 부정하고 그 외의 규정할 수 없는 성별에까지 확대 해석한 사회 문화적 성을 강조한다. 이 젠더라는 용어를 최근에는 다시 '성 인지性認知'라는 용어로 쓰고 있다.

게다가 성 인지 감수성 교육을 하는 강사들이 생기고 이들이 교육기관, 내지는 심지어 기독교 내 특히 감리교회의 경우는 금년부터 정회원 연수 교육 커리큘럼에 양성평등과 성폭력 예방 교육이란 용어 대신 '성 인지 감수성 교육'이란 말로 슬그머니 바뀌 교육하는 실정이다. 이 부분에 대해서는 이미 지난주 10월 23일 본부 감리회 소식란에 '정회원 연수 교육에 성 인지 감수성 교육과 강사의 부당성'이란 제목으로 지적한 바 있다. 그들 중 어떤 강사는 순회하며 강의 때 젠더 지식을 테스트한다면서 그 예로 아래와 같은 식의 질문을 던진다.

예 1 유모차?

엄마가 아기를 태워 끄는 수레 — 페미니즘 강사들은 이 용어가 차별이다. 라고 주장, 아빠가 끄는 수레 — 유부차?
성 인지(젠더) 교육에서 그들이 주장하는 용어는 무엇일까?
'유아차'라는 것이다. 굳이 이렇게까지 남녀 차별로 불러야만 하는가 생각해 볼 일이다?

예 2 결혼하지 않은 사람?

흔히 알고 있고 쓰는 용어는 '미혼未婚', '싱글', 때로는 '독신'
그런데 성 인지 감수성 주장하는 자들, 즉 젠더주의자들은 '비혼非婚'이라는 용어로 바꿔야 한다고 주장한다.

하지만 미혼을 비혼으로 바꿔버린 데 대해서는 매우 우려스럽다. 미혼은 아직 결혼할 여지를 남겨놓았다. 아직 못했지만 장차 할 것이다.라는 개념을 지니기에 결혼의 여지와 가능성을 열어놓은 용어이다. 지극히 소수 가운데 스스로 못나서 결혼을 못 할지 모르는 불특정 소수를 가지고 그렇다고 차별 때문에 그런 미혼이라고 여기는 건 과장된 해석이요 그들만의 프레임 만들기에 불과하다.

비혼은 결혼을 못한 게 아니라 안 했다 쪽을 강조한다. 이렇게 되다 보면 '결혼 안 한다', '결혼 안 하고 산다', '결혼 안 해도 좋다' 등의 '결혼 무용론'을 정당화하게 된다. 즉 결혼 거부를 공공연하게 받아들이게 하여 마침표를 찍은 개념이다.

예 3 그 외에도 부모라는 용어 대신 '보호자'로 바꾸라는 지침까지 내린 상황이다. 부모라는 남녀의 성과 가족의 개념을 해체할 우려가 다분한 편향적인 주장이다.

최근의 동향이 기존의 전통적 가치였던 부모의 권위보다는 자녀의 권리를 주장하는 패러다임으로의 전환에서 야기된 오늘날 포스트모던의 대표적인 경향 중의 하나이다.

이처럼 급진적인 젠더주의자가 되면 비혼非婚 주장을 거침없이 하게 된다. 설사 결혼했더라도 자녀 낳지 않고 사는 비출산, 또는 낙태 자유를 매우 자연스럽게 선언할 것이다, 그뿐만 아니라 동성애, 동성혼이라는 주장이 여과 없이 분출된다. 이것이 평등이니 인권이니 하며 성 인지 감수성 교육이란 허울 좋은 미명 속에 숨겨진 폐해요, 위험한 세상 풍조임을 간과할 수 없는 이유이다. 이에 대한 대응을 소홀히 하면 더 큰 가정해체와 사회적 혼란과 위험을 초래할 수밖에 없다. 그뿐만 아니라 교회의 위기도 피할 수 없음은 명약관화하다.

이런 위험성을 염두에 두면서 그나마 가르칠 수 있는 곳이라고 한다면 현재로서는 교회밖에 없다는 사실에 안타깝다. 하지만 그나마도 녹록지 않다.

그렇기 때문에 무엇보다도 성경에서 말씀하는 생물학적 남, 녀성 이외에는 수용할 수 없음을 포기해서는 안 될 것이다. 본질을 건드리면 다 망가진다는 사실을 모르지 않는다면….

게다가 최근 들어서는 퀴어 성경 주석까지 등장했다고 하니 '님비(NIMBY)'현상에 비유되는 '내 교회(집)만은 안전하다.' 하면서 무관심할 수 없는 시대에 살고 있는 우리에게 주는 경종이다.

따라서 규정할 수 없는 또 다른 수많은 성이 있다는 반성경적 사상이나 거짓 가르침에 현혹되지 않도록 하나님 말씀이 절대 진리임을 믿는 신앙이 필요할 때이다. 그리고 복음을 더 분명하게 선포하고 가르쳐야 할 때라고 본다.

'트리플 허虛'를 극복하자

오늘 이 시대 교회가 처한 상황은 이 시점에
서부터라도 실상을 회복해야 할 때라고 본다.

왜냐하면 우리 스스로를 진솔하게 잘 들여다보노라면 '하나님,
주님' 들먹이면서 알게 모르게 적지 않은 온갖 허상에 길들어 왔
다는 사실을 부인하기 힘들기 때문이다.

그렇다면 그 허상들은 어떤 것들이 있을까? 생각해 보건대 대
략 다음 세 가지로 집약된다.

첫째, 허수虛數로 부풀려져 있다.

지방회의록, 연회록에 자기 교회 규모를 자랑하는 데는 실속
없는 허수로 과장하여 자기 존재감 드러내는데 어지간히 애쓰려
한다.

도둑맞은 교회

급기야 이제는 애석하게도 지금 우리 주변의 수많은 교회들이 코로나 방역 예방 조치라는 외부 행정당국에 의해 맥없이 많이 모일 수 없도록 강제로 대폭 축소 조정 되어 가고 있다.

꿈에도 생각할 수 없었던 일들이 가상공간이 아닌 내가 속한 모든 교회 현장에서 실제 일어나고 있다. 대형 교회일수록 더 심하여 마음고생이 이만저만이 아니다. 지금 상황은 많이 모인다고 대수가 아니고 자랑할 수 없는 형국을 맞고 있다.

위로부터 하나님 주시는 평안이 아닌 마치 기원후 1세기 아우구스투스 통치 시대 로마가 평화를 가져다준다고 여기게 한 '팍스 로마나(Pax Romana)'처럼 착각하게 하고 있다. 왜냐하면 정부의 지시대로 고분고분 따라야 교회가 당하는 폐쇄 명령의 위협이 없고 외적으로나마 평안한 것처럼 보이기 때문이다. 따라서 이런 일이야말로 교회를 일방적으로 모독하는 처사임을 지적하지 않을 수 없다.

반면에 교회 내적으로는 어떤가? 부담감을 축소하고자 하면서 재적수는 부풀리려 하는 이율배반적인 모순으로 스스로를 속이는 일들이 어제오늘의 얘기가 아니다. 불리하면 줄이고 유리하면 부풀리기를 예사롭지 않게 여긴다. 이 또한 주님이 원하시는 교회의 실상이 아니다.

둘째, 허세虛勢로 자신을 포장하는 경우가 적지 않다.

목회 현장을 보자. 서리보다는 준회원이, 준회원보다는 정회원이, 정회원 중에서도 일명 꼭지 떨어진 자들이, 그리고 이후 목사보다는 감리사가, 감리사보다는 감독이, 마침내는 감독보다는 감독회장이 되어야 마치 더 능력이 있고 신분 상승하여 권세 있는 것처럼 착각하는 불행한 덫에 걸려 사는 이들도 없지 않다.

이러다 보니 실속이 없고 개폼만 나온다. 한가하게 보이면 무시당할까 봐서 마치 운동선수의 '할리우드 액션'처럼 바쁜 척하고 중요하게 보이고 싶어 한다. 이런 것들이 다 허세다. 지나고 나면 아무것도 아닌 걸 알면서도 비록 그때 가서 후회할망정 그래도 이렇게 사는 것이 더 익숙해져 온 탓인지 버리기가 힘들다. 이러한 모습이 중요한 직책 맡고 있는 직분자일수록 심하고 나 같은 목회자들의 경우에도 크게 다를 바 없이 실상이 아닌 허상에 사로잡혀 있다.

셋째, 허영虛榮에 젖어 자기 분수를 모른다.

허장성세가 심하고 화려한 영광을 말하거나 꿈꾸지만 현실과 괴리가 크고 과대망상에 가깝다. 허망과 허탄에 사로잡혀 있다. 선, 후배도 모르고, 위아래도 없이 행동하기 일쑤이다.

자기중심적이나 정작 자기 것이 없다. 있는 모습 그대로 보이면 초라하고 빈약하기에 자기 것이 아닌 것으로 포장하여 그 속에 숨어야 편하다고 여긴다. 그러기에 부자연스럽다. 당당하지 못하고 도리어 빈약하다.

도둑맞은 교회

이런 삶은 헛된 영광에 불과한 허영이다. 실상이 아니다.

이처럼 '허~허~허~' 하며 실소失笑의 웃음을 지을지 모른다. 그러나 곰곰이 들여다보면 허수, 허세, 허영에서 벗어나야 진정한 평안과 자유가 있으리라.

그러니 이제부터라도 실상을 표방하는 실속 있는 삶을 살자. 어둠은 스스로 물러가지 않는다. 빛이 들어가야 물러간다. 거짓은 많을수록 이기는 게 아니라 진실이 쌓일 때 물러간다.

이에 바라기는 실속 있고 내실 있는 진솔한 자들을 만나 사람 사는 담백한 세상을 살고 싶다.

목회 또한 그런 분들, 복음에 생명 건 분들을 만나 건강하고 행복한 교회, 영적 전투에서 세상 권세들에게 승리하여 주님이 원하시는 "내 교회"를 세워가고 싶다.

하나님의 뜻이 하늘에서 이루어진 것처럼 이 땅 위에서 이루어지도록…!

대면 예배,
비대면 예배 용어는 부적절하다

　　　　　　80년대 전후로 한 때 기독교윤리실천운동본부를 만들어 건전한 시민운동의 도화선이 되고 일반인들에게까지도 명성이 자자한 원로학자가 있다. 이 저명인사가 최근 방송과 언론에 "예배가 중요한 것은 사실이지만 꼭 대면 예배만 예배란 주장은 성경적 근거도 없고 그런 전통도 없다"라는 신학적으로 매우 용납하기 어려운 일방적인 주장을 했다. 그러면서 그가 내세운 성경은 산상수훈에 나오는 "그러므로 예물을 제단에 드리려다가 형제에게 원망 들을 만한 일이 있는 것이 생각나 형제와 화목하고 그 후에 예물을 드리라"(마5:23-24)는 주님 말씀을 인용했다. 객관적으로 목회자들이나 신학자들이 볼 때 그의 주장과 심지어 성경 인용에 있어서 주님의 의도와는 맞지 않는 매우 빗나간 오용이고, 학자답지 못하고 그의 말이 도리어 성경적 근거에 모순되었음에 당황스럽고 유감스럽기 그지없다.

　적지 않게 평소와 같이 정상적으로 예배드리는 교회를 일컬어 대면 예배라 규정했다. 이에 대해 비난하는 그의 주장이 지나친 감이 적지 않다. 단순히 정부 시책에 따르지 않는다는 것을 문제 삼아 또 다른 용어인 비대면 예배의 정당성 주장도 수용할 수 없지만 게다가 그가 위에 언급한 산상수훈 말씀을 근거로 제시하는 것은 억지 춘향식의 꿰맞추기에 불과하다. 그뿐만 아니라 논리적 근거에 있어서도 빈약하다.

왜냐하면 최근 대면, 비대면이란 검증되지 않은 용어 자체를 아무렇지 않게 보편화시켜 사용하는 것 자체가 안타깝다. '대면 예배만 예배라고 주장한다.'라고 주장했지만 그렇게 말한 적도 없다. 오히려 전통적으로 드려왔던 예배를 이렇게 두 프레임으로 나눈 자들이 누구인지를 먼저 물어야 한다. 대면, 비대면 용어는 교회에서 나온 말도 아니고 성경적이지도 않다. 그렇다고 이 단어가 신학자들의 깊은 연구를 거친 것도 아니다. 다시 말해 검증되지도 않은 용어이다. 한마디로 정부 쪽에서 만든 정치적이고 사회과학적 프레임에 지나지 않은 용어이므로 교회는 무심코 받아쓰기하는 데 있어서 주의해야 한다.

교회 성도란 '하나님께 예배하기 위해 언약한 자들'이다(시 50:5). 이에 그리스도를 주로 고백하는 자들이 한곳에서 드리는 공중公衆예배가 성서적이고 신학적이고 초대 교회로부터 지금까지 지켜온 정통성에 근거한 예배임을 무시할 수 없다.

하나님이 모세를 통해 애굽에서 종살이하던 백성들을 출애굽시켜야 할 목적이 무엇이었는가?

모세가 바로 왕에게 일관되게 선포했던 말씀은 다음과 같다. 그것은 "내 백성을 보내라. 그들이 나(하나님)를 섬길 것이니라. (worship, sacrifices) 즉 예배할 것이니라."에 예배의 중요성이 잘 나타나 있다. 초월적 계시로서의 예배를 한 때 지식인이었다고 상식적으로 논할 수 있는 간단한 주제는 결코 아니라고 본다. 그렇다고 하면 예배에 대해 정부가 사용하는 그 용어를 정당화하도록 뒷받침하는 글을 쓰는 데 있어서는 좀 더 숙고가 필요한 주제였다.

왜냐면 기독교에 대한 전이해가 없는 지식인들이 글을 쓸 때도 물론이거니와 특히 사회 영향력 있는 리더 그룹인 기독 지성인이 지금과 같은 예민한 문제, 더더구나 예배에 관한 용어 선택에 있어서라든가 직접적으로 이 방면에 글을 쓸 때는 한쪽에 치우치지 않고 냉철한 분별력으로 균형 잡힌 글을 써야 할 책임이 누구보다도 크기 때문이다. 아무리 한 때 기독 지성인이라고 세간에 회자되었다 할지라도 그 명성에 걸맞지 않은 매우 신중하지 못함에 시대적 변천에 따라가는 인생 무상함을 느낀다.

따라서 앞으로 대면 예배, 비대면 예배라는 검증되지도 않고 정통성 없는 용어는 자제해야 한다고 본다. 더욱이 교회가 스스로 나서서 이런 용어를 사용하는 것은 매우 부적절한 처사다. 심히 염려컨대 시국이 이렇다고 사람의 입맛대로 요리하듯이 예배를 인간 편의대로 맞게 손질하여 신성한 예배를 훼손하는 범과를 저지르는 일이 없기를 바란다.

교회여! 신뢰 지수를 높이자

시사저널과 미디어리서치 공동으로 지난 몇 년 전 전국 성인 남녀 1,000명을 대상으로 직업별 신뢰도 여론 조사 결과를 발표했다. 33개 직업 중에서 가장 신뢰도가 높은 직업으로 소방관을 꼽았다. 다음으로 간호사, 직업운동선수, 의사, 초중고 교사, 순이었다. 중위권으로는 신부, 의사, 판사가 뒤를 이었고, 하위권으로는 25위 목사, 26위 변호사, 30위 증권업 종사자, 30위 부동산 컨설턴트, 그리고 최하위로 정치인이 랭크되었다.

반면 높은 연봉 순으로는 1위 기업 고위 임원, 2위 정치인 국회의원, 3위 항만업에 종사하는 도선사導船士, 4위-8위 각 전문의 의사, 6위 항공기 조종사 등의 순이었다. 따라서 신뢰도와 연봉은 반드시 비례하지 않음을 알 수 있다.

위의 여론 조사에서 관심을 끄는 것 중의 하나는 목회자의 낮은 신뢰도에 주목하게 된다. 가장 정직을 강조하는 직업인데도 상대적으로 주위 사람들에게 신뢰도가 약해 최하위권에 머물러 있다는 것은 의외의 아이러니이다.

이를 뒷받침할 만한 실제 그런 경험을 하게 된 경우가 있어서 소개한다.

한 번은 교회 부임하자마자 생긴 일이다. 교회 승합차가 운전석 쪽이 파손되었기에 공업사에 보험처리 하여 판금 수리를 맡기게 되었다. 그로부터 만 3일이 지나 수리가 완료되었다고 연락이 왔다. 보험으로 수리했지만 최종 수리비의 20% 자부담은 지급해야 한다는 것이다. 3일간 대차 받은 승용차가 있기도 해서 서로 맞교환할 겸 직접 찾으러 갔다. 그리고 담당 여직원에게 화도에 있는 문산교회라고 하면서 그 당시 '오늘이 금요일이니 주일이나 늦어도 월요일 재무부에서 지출을 일괄 처리할 때 입금하겠다'라고 했더니 '안된다'라고 한다.

이에 최초 만났던 실무책임자에게 전화하여 '화도에 있는 문산교회 목사입니다. 내가 재정을 갖고 있지 않고 재무부에서 늦어도 주일에 책임지고 입금할 테니 염려 말라' 했더니 '안된다'라고 일언지하에 거절 답변이다. 그리고 한 수 덧붙인다. '그런 사람들이 많다.'라고….

물론 교회와는 첫 거래이기에 생면 부지한 사람의 말만 믿기에는 오너가 아닌 자신도 직원(공장장?)의 한 사람으로 불안하기도

했으리라.

하지만 이곳에 오기 전 다른 지역에서 이와 유사하게 자동차 수리업체와 처음 거래한 후 내 이름과 교회를 알려주고 재무부에서 입금하겠다고 했을 때는 내 말을 믿고 받아 주었다.

그런데 이곳은 그 지역과 비교할 때 교회 수로나 교인 수로 비교하자면 상대적으로 17:128이고 교인 수로도 10배 이상은 많은 지역인 데다 지역에 있는 소속 교회와 목사임을 밝힘에도 불구하고 냉담했다.

이런 그의 반응을 접하면서 이렇게 불신하는 까닭은 교회가 신뢰를 못 얻어서일까, 아니면 오늘날 이 땅의 분위기가 서로를 불신하는 정서 때문일까? 그다지 많지 않은 자부담을 내가 수리업체에 가기 전 재무부에 미리 입금시키라고 문자를 보냈지만 이런저런 일로 늦어지다 보니 그런 제안을 했던 건데 입금하면 즉시 탁송해 준다고 하는 말을 끝으로 발길을 돌리면서 어느쪽이라도 마음은 씁쓰름하기 그지없었다. 초면이니까 그런 것 아니겠는가? 라는 그런 차원이 아니다. 적어도 '이곳에 있는 교회이다, 또는 교회 목사입니다'라고 밝히면 보증수표처럼 믿을 수 있어야 하는데 그렇지 못한 현실에 대한 무거운 자책감 때문이다.

따라서 교회는 앞으로 사회 전반에 걸쳐 어떻게 하면 신자들과는 물론 불신자들에게 신뢰를 심어줄 수 있겠는가? 하는 진지한 고민을 원점으로 돌아가서 다시 시작해 보아야 할 때라고 생각한다. 신뢰는 직업 연봉 순이 아니다. 신뢰는 직업 만족 순도 아니다. 신뢰는 그 사회 국민 도덕성 지수이다. 한국교회여! 함께 대국민 신뢰도를 높이는 일에 주력하자.

간 날의 차이에서 배운다

지난 몇 해 전 중국에서 열린 2019-
20 ISU 스피드스케이팅 월드컵 3차
대회 출전하고 있는 한국 선수들의 스
릴 있고 박진감 넘치는 경기 중계를
잠시 시청한 적이 있다. 스피드와 쇼
트트랙 500m를 비롯해서 1,000m 등
여러 종목의 레이스가 펼쳐지는 극적

인 장면들의 연출은 특히 추월하는 그 순간을 볼 때마다 박수를
보내면서 조작적이고도 전략적인 경기 운영, 즉 얼마나 머리싸움
이 치열했을까, 하는 생각을 했다.

그중에서 1,000m 종목에 출전한 우리나라 서휘민 선수는 네
덜란드의 수잔 슈팅 선수와 막판까지 접전을 벌인 끝에 간발의
차이도 아닌 스케이트 날이 최종 골라인 선상에 거의 동시에 들
어왔으나 불과 몇 cm 차이, 즉 간 날의 차이, 또는 박빙의 차이로

메달의 색깔이 갈렸다.

글자 그대로 초를 뛰어넘어 1/10초 차이도 아닌 1초를 100으로 나눈 시간 차이인 1/100초 차이였다. 경기 내용을 잘 들여다보면 500m 단거리를 뛸 때와 1,500m 때의 경기전략이 다르고, 중거리인 3,000m, 5,000m 남녀 계주는 앞의 개인종목과 또 다른 전략으로 임하는 것을 볼 수 있다.

스포츠 경기에서 보여주는 개인 경기이든 단체 경기이든 매우 치밀한 작전과 전략이 그 경기를 지휘하는 감독과 감독을 보좌하는 스태프들의 머리에서 나올 수밖에 없다.

다시 말해 선수 개개인의 기량이 출중할지라도 선수 자신이 상대 팀을 얼마나 전략적으로 분석하여 잘 읽고 거기 대처하느냐에 따라 승패가 갈라지는 경우가 많을 것이다. 이를 위해 감독의 용병술이 크게 좌우할 것이다. 즉 감독은 작전을 짜고 이에 대한 전략을 구상하여 선수들에게 맞춤형 훈련을 실시함으로써 팀을 승리로 이끌 때 월드 스타가 되리라 본다. 흔히 말하는 지장, 용장, 덕장을 갖춘 감독이라면 월드 스타가 아닌가 싶다.

그런데 이런 전략이 스포츠뿐만 아니라 우리가 사는 삶의 현장에도 공통적으로 적용된다.

사업하는 사람들에게는 국내 시장과 세계시장을 잘 읽고 분석하여 어떻게 대처하고 파고들 것인가 하는 경영전략이 필요할 것이다.

전쟁을 하는 군대 지휘관의 경우 상대 적군을 어떻게 공략할 것인가 하는 전략과 아군 병사들에 대한 작전 전략을 동시에 주도면밀하게 갖추고 있어야 할 것은 말할 나위도 없다.

따라서 탁월한 군사 전략가가 필요할 것이다.

수험생들에게도 전략은 이들에 못지않게 너무 중요하다. 지난달 고3 수능시험이 끝났다. 그리고 엊그제 점수가 발표되었다. 이에 따라 수험생들과 담임교사는 곧 있을 대학 입학원서를 어느 지역, 어느 학교, 어떤 학과를 지원할 것인가에 대해 치밀한 입시 전략을 세워야만 한다.

최근 대학들이 학령인구 감소로 인해 모든 대학이 예외 없이 살아남기 위한 생존경쟁 시대에 돌입한 지 이미 오래다. 따라서 대학마다 학생들을 유치하기 위한 각고의 노력을 해야 하는 시대이다. 그 일환으로 각 대학 나름의 타의 추종을 불허할만한 특성화 내지는 창의적인 대학 운영 시스템 등 획기적인 전략을 제시해야만 살아남을 수 있는 상황에 직면해 있다.

그런데 이런 전략이란 말이 목회 현장에도 어김없이 적용된다. 왜냐하면 교회를 세운다고만 해서 모두 잘 되는 것은 결코 아니기 때문이다. 어찌 보면 목회 현장도 피 말리는 싸움을 하는 영적 전투의 현장인 것만은 분명하다. 그렇기 때문에 목회전략이 반드시 필요하다. 인간적인 재주나 꾀. 그리고 개인의 탁월한 스펙을 가지고만 안 된다는 것쯤은 모르는 이가 없다.

그렇다면 주님이 세우시는 교회, 음부의 권세가 이기지 못하신다고 한 나를 비롯한 이 땅의 수많은 목회자에게 주어진 실존의 현장에서 씨름하는 위대한 목회전략의 핵심은 무엇이어야 할까? 어쩌면 스포츠 경기의 유능한 전략가인 감독, 경영전략, 군사 전략가, 수험생들을 지도하는 입시 전략가 등과 같은 전술에 뛰어난 전략가들을 통해서 사람을 관리하는 방식들을 비롯하여 일부 작전을 수행하는 능력을 벤치마킹할 수도 있다고 본다.

그런 점에서 무엇보다 목회 현장에서 오늘도 그리고 매 순간 고민할 수밖에 없는 그것은 스케이트 날 몇 cm 차이인 백분의 1초의 간 날의 차이가 보여주듯이 마지막 끝까지 혼신의 힘을 다하는 선수 자신의 전력투구의 정신과 같이 아낌없이 내 생명 다해 드리는 목사, 출발신호에서부터 반칙 없이 그 골인 지점까지 페널티를 받지 않고 최선의 레이스를 펼치는 당당한 실력의 진검승부와 같이 진실하고 영적 실력으로 감동을 주는 목사로서의 삶, 그리고 감독의 전략이 주효하여 그 지시에 따름으로써 시상대에 오르는 선수와 같이 주님 말씀대로 삶으로써 하늘의 시상대에서 주시는 상을 바라보고 인생을 마칠 수 있는 목사로 거룩한 흔적을 남기고 싶을 뿐이다.

도둑맞은 교회

교인의 심사(?)를 받는 목회자

　　　　　　　몇 년 전 서울 소재 꽤 규모 있는 교회의 후임 담임자 구인 광고를 감리회 홈페이지에서 본 적이 있다. 그 교회는 직전 담임자가 감독을 역임한 교회였다.

감리회 게시판과 지상에 공개 모집한 내용 중 지원 자격 내용이 특이하기에 그대로 복사해 두었던 글을 소개한다.

〈지원 자격〉

가. 교리와 장정 상 초빙에 결격사유가 없는 목사로서 감리교 설립이념을 실천하며 교회 발전에 기여할 수 있는 분

나. 학력 — 감리교회가 인정하는 신학대학, 대학원 졸업

다. 인품과 영적 지도력이 있으신 분

라. 정치 등에 관여하지 않고 목회만 전념하는 분 〈이하 생략〉

위 내용 4가지 자격 중 앞의 3가지는 어느 교회나 그런 조건을 제시하는 것에 대해 특별한 조항이 아닌 지극히 평범한 내용이기에 거북스럽지 않게 충분히 동의할 수 있다. 그런데 라항의 마지막 지원 자격 기준은 매우 의외였다. 왠지 부자연스럽다 못해 껄끄럽기만 하다. 아마도 이 대목을 읽는 사람이라면 대부분 느끼는 감정이 누구라도 '아! 그 교회는 전임자가 교단 정치에 지나치게 활동하다 보니 교회로서는 덕이 되지 않았나 보다!' 하는 마음을 금세 떨쳐 버릴 수가 없었다. 여기서 '정치'라는 용어는 교단 정치에 비중이 있는 것 같지만 더 나아가 세상 정치도 배제하지는 않고 있는 듯하다.

이런 기준을 제시하게 된 동기는 그 교회 평신도 지도자들이 겪어본 뚜렷한 이유가 있을 것이고 설사 그 외 여타 교회 역시 후임자 초빙을 할 때 이런 내용을 기재하지 않았다 할지라도 건강한 교회 내지는 교회다운 교회를 지향하는 교회라고 한다면 지극히 정상적이라고 본다. 따라서 이런 자원 자격의 문구는 비단 이 교회만의 문제만은 아니라고 여겨진다.

흔히 그렇듯이 사회에서 높은 권력이나 명예를 얻고자 하는 것 이상으로 목회 현장을 접하면서 목회자들이 갖는 유혹 역시 의외로 사회와 거의 다를 바 없다는 생각을 절감하게 된다. 그중의 하나가 교권을 잡기 위해 인맥, 학연 등 계파 형성한 줄서기 내지는 줄 세우기이다. 이에 어느 라인에 서느냐에 따라 주류가 되고 비주류가 될 수가 있다. 이런 방면에 말 만들기 좋아하는 자들 중에는 감리회 감독회장을 감리회 대통령이라고 부르기를 서슴지 않는다. 그런가 하면 마치 경찰조직에서나 흔히 들을 수 있는 '경찰의 꽃이 총경이다'라고 부르듯이 '감리사 되는 것도 감리회의 꽃이다'라고 하는 식으로 남발하는 자들의 멘탈은 책임이나 짐보다는 화려함과 대단한 지위 상승으로 착각한 나머지 목회자 세계에 옥상옥을 부채질하고 있다.

그 결과 서열을 매겨 교단 안에, 나아가 한국교회 안에 평화를 만들어 가기보다 온갖 좋은 구호는 제창하면서도 실제로는 평화를 위장한 갈등 구조로 스스로의 분쟁과 자가당착에 빠져 순환되는 제도권의 모순이 사라지지 않는 우리의 불편한 현실이다.

이뿐만이 아니다. 최근 어느 교회 담임자 문제로 인사이동 하는 일에 관여하면서 지원자로부터 부끄러운 이야기를 직접 들으면서 목회자 자리가 이런 지경까지 훼손되었을까 싶을 정도이다. 사연인즉 이렇다. 지인 목사님이 그 교회 교인들이 30여 명이 참석한 가운데 질문을 받았다. 그 질문 내용 중에 어느 교인이 '목사님은 공예배(주일 낮, 밤, 수요)를 드리는 것에 대해 어떻게 생각합니까?', '새벽기도회는 항상 드립니까? 새벽기도회 때 얼마나 기도하십니까?…' 귀를 의심할 정도의 이런 질문을 받았다는 이야기를 직접 들었다.

목회자가 성도에게 해야 할 질문을 어떻게 된 일인지 교인 중의 한 사람이 일어나서 담임자 지원하는 목회자에게 이런 식으로 질문했다 하니 막장 드라마라고 하면 과장된 표현일까?

이런 일련의 사건들을 보면서 작금의 교회는 누가 목회자의 권위를 무너뜨리기보다 우리 목회자 스스로가 이런저런 떳떳지 못한 부끄러운 일로 인하여 자체 정화 능력을 상실해가고 있으니 부끄럽기 그지없다. 이에 주님의 교회를 잘 세우라고 주신 그 권위를 스스로 포기하는 거나 다름없는 일들을 하고 있지는 않은지 애통하며 돌아보아야 한다.

하나님과 사람 앞에, 그리고 내면의 양심이라는 거울 앞에 한 점 숨김없이 냉정하게 비추어 속히 은혜의 합리화라는 틀 속에 가두어 놓은 허상들에 대해 엄중한 메스를 가하여 온갖 위선으로 포장된 허위 의식을 도려내야만 한다.

왜냐하면 은과 금은 있어도 예수 그리스도, 그 이름의 능력을 점점 상실해가고 있는 감리회와 한국교회가 본연의 자리로 돌아와야 만이 다시 교회와 이 어두운 세상에 새로운 희망의 빛을 비출 수 있으리라 보기 때문이다.

도둑맞은 교회

장롱 기도 잠자는 돈

　　얼마 전 금융 감독원 발표한 자료에 의하면 휴면계좌休眠計座, 즉 거래가 없이 잠자는 돈이 1조 5천억이라고 한다. 이같은 원인은 은행 예금, 보험금 등을 비롯해 미환급 공과금 또는 초·중·고교생 자녀가 있는 학부모의 경우 스쿨 뱅킹을 이용해 급식비, 현장 학습비 등을 납입하는데, 자녀가 학교를 졸업한 이후에도 해당 계좌를 해지하지 않고 그대로 둔 채 거래가 없는 경우 등으로 다양하다.

　　이렇듯 주인이 나타나지 않은 돈은 일정 기간 지나면 국가기관에 귀속되어 '미소금융재단'으로 넘어가 저소득층 근로자 등 복지 사업에 쓰인다고 한다. 단, 뒤늦게 이를 알고 찾고자 할 때 '휴면계좌통합조회' 사이트에 들어가 확인이 되면 다시 돌려받을 수 있도록 되어 있다.

　　지난주 성도들과 식사를 하다 당시 어느 연세가 많아 세상을 떠나신 교인 한 분에 관한 이야기를 듣게 되었다. 그 내용인즉슨 그 교인이 떠날 때 그 연세 드신 교인 통장에 적지 않은 수억의 돈이 있었다고 한다. 그런데 세상 떠나실 때 제대로 한 번 쓰지 못하고 그대로 남겨두었는데 그 돈을 자녀들 가운데 어떻게 해서 사이가 좋지 않게 되었다는 그런 내용이었다. 이런 경우는 종종 그들의 남편이나 조상으로부터 재산을 물려받아 모아 둔 연세 드신 분들에게서 들을 수 있는 스토리이다.

이처럼 통장을 거래하다가 중단되다 보니 오랜 시간 그대로 둔 채 잊어버려 잠자고 있는 돈이 있는가 하면, 옛날 연세 드신 분들 중에 땅도 있고 재산도 물려받았으나 돈 계산도 어둡고 어디에 어떻게 쓸 줄을 몰라 방치된 상태로 있는 경우, 혹은 이런데 눈이 밝은 약삭빠른 자녀들 가운데 이를 안 자녀가 빼내 가는 경우이다.

전자의 경우 본인이 뒤늦게라도 알면 그대로 찾을 수라도 있기에 문제가 되지 않는다. 그런데 후자의 경우는 평생 모으기만 했지 제대로 한번 쓰지 못하고 쌓아 두었다 세상 떠나면 얼마나 불행한 사람인가? 더욱이 이 재산 소유권 때문에 자녀들 사이에 재산 분쟁을 하는 경우도 없지 않다면 이를 일컬어 설상가상雪上加霜이라고 할 수 있을 것이다.

아무리 어느 유익한 면허증이든 그것을 취득하기까지 열심히 노력했을지라도 정작 쓰지 못하고 장롱 속에 있는 이른바 장롱 면허증이 되는 한 아무 유익이 없고 효력을 상실한 것처럼 그 용도에 맞게 사용하지 않고 방치한다면 인생의 손실과 다름없다.

내가 보건대 교인들 가운데도 자기 땅만 늘리고 자기 재산 증식에 관심하여 더러는 쌓아 둔 분들이 있다. 문제는 그런 분들이 제대로 선한 일에 부요한 자가 되지 못하는 삶을 사는 모습을 볼 때 참으로 안타깝기 그지없다. 왜냐하면 그런 교인들 가운데는 지난 세월 너무 가난하게 살다 보니 모으는 줄은 알았는데 당장 내가 속한 교회를 위해 다음 세대를 위해 의미있게 사용한다든가, 아니면 사회 공익과 대의를 위해 사용하는 일에 학습이 되어 있지 못하여 내민 손, 편 손의 삶을 살아 본 경험이 없기 때문이다.

그런 점에서 주 예수 그리스도의 이름으로 기도할 수 있는 권세와 같은 기도 면허증을 받았음에도 불구하고 장롱 속에 사용 한번 못하고 그대로 둔 운전 면허증처럼 살아가고 있지는 않은지 깊이 자성해 볼 일이다. 동시에 교회를 위해 선한 일에 쌓아 둔 재산 한 번 제대로 드리지 못하고 일생을 쌓기만 하고 정작 자신은 누리지도 못한 채 세상 떠난 후 그 재산이 원치 않는 곳으로 흩어져 버렸다면 잘못 산 인생이다.

이제부터라도 휴면기도 면허증 끄집어내서 제대로 사용하자, 휴면 통장 속의 잠자는 재물 내 손에서 만지작거리지 말고 주의 영광을 위해 우리 자녀 다음 세대 역사적인 큰 인물을 세우기 위해서라도 주의 손에 드려보지 않겠는가?

3장

통곡의 눈물샘

정연복 시인이 쓴 '옹달샘과 눈물샘'이란 시 끝부분에 보면 "…옹달샘이 없는 산 죽은 산이다. 눈물샘이 마른 삶 죽은 삶이다."라는 시구詩句가 나온다. 하지만 무엇보다 이 눈물샘에 대해 시84:6에서 일찍이 언급하고 있다. "그들이 눈물 골짜기로 지나갈 때에 그곳에 많은 샘이 있을 것이며 이른 비가 복을 채워 주나이다."라는 말씀 속에 눈물샘을 기록하고 있다. 여기서 그들은 그 앞 절에 나오는 주의 집에 거하는 사람들, 주께 힘을 얻고 마음에 시온의 대로를 얻은 사람들을 일컫고 있음을 알 수 있다.

성경에는 개인적으로 통곡했던 믿음의 사람들이 등장하고 있다. 그 첫째 사람이 사무엘을 낳기 전 하나님께 나아가 통곡한 한나의 경우이다. 두 번째는 유다의 종교 개혁, 즉 성전에 세워두고 섬기던 더러운 이방 우상을 불사르고 성전 예배를 회복한 요시야 왕이 여선지자 훌다의 충고를 듣고 통곡한 예이다. 그 외에도 사촌 간이지만 에스더를 딸같이 양육하여 함께 유다를 구한 모르드개의 통곡이요, 그리고 이사야 선지자 경고를 듣고 통곡한 유대 왕 히스기야이다.

한편 신약에는 베드로가 예수님 앞에 자신의 장담했던 말이 여지없이 무너지고 주님을 부인하리라는 말씀이 닭 울음소리와 함께 생각나서 통곡한 경우이고, 무엇보다 우리 주님이 우리를 향하신 통곡 등이다.

내가 담임하는 교회에서 특별한 일이 아니면 1년에 한 차례 거행하는 부흥성회를 연다. 한번은 몇 년 전 담임하던 교회에서 있었던 일이다. 그때 성회의 특이한 점은 금요 밤부터 매 새벽 오전 저녁까지 7번에 걸친 시간 동안 강사 목사님의 간곡한 요청에 따라 단 한 차례도 식사를 같이하지 못했다. 따라서 대화를 나눌 시간도 없었고 그러기에 우리 교회에 대한 전이해도 있을 리 만무했다. 그것은 마지막 마치고 떠나실 때까지 그러했다. 그럼에도 불구하고 우리 교회 현주소를 정확히 진단해 주신 종합검진의 시간이자 개인적으로 예수 믿고도 새 나가는 구멍의 이유, 무언가 열심히 사는 것 같은데 안 되는 이유에 대한 분명한 경고요 처방이었다. 그렇다고 내가 강사님에게 교회 사정 이야기를 했다면야 말하기 좋아하는 자들이 하는 입버릇처럼 '그러면 그렇지, 목사님이 일러바쳤구먼!…' 하고 그래도 그렇게 하면 안 되지만 이런 말을 했다면 더더구나 쑥덕거릴 수 있었을 것이다.

이번 강사님은 제목을 '그릇(딤후2:20-21)'에 대해 전하면서 그 그릇이 되려면 그 새 나가는 곳을 막아야 한다는 것이다. 그러려

도둑맞은 교회

면 세 가지를 돌려놓아야 한다는 것이다. 그 세 가지란 십일조, 성물, 그리고 직분이었다. 이에 대한 성경적인 근거를 분명히 제시하면서 각각의 실제 증거가 될 만한 사람들을 생생하게 이름까지 거론하며 무딘 우리 마음을 두드리는 것만 같았다.

마지막 날 낮이었다. 강사님이 지금까지 주일에 세 번이나 부흥회 한 곳은 우리 교회가 처음이라고 하면서, 또 하나 안타까운 말씀은 그런데 제자리에 돌려놓는 사람이 한 사람도 없는 것도 기적이라고 하는 말씀을 던지고 오늘 저녁 시간에 보자고 하며 오후 시간을 끝냈다. 그 이후 내가 마이크를 잡고 통성으로 기도하다 그만 기도를 더 이어가지 못하고 주저앉은 채 통곡의 눈물이 솟구쳐 흘렀다. 그 눈물을 주체할 수 없고 억제할 수 없을 정도였다. 기도 방석에서 무릎 꿇고 대성통곡하였다. 이곳에 와서 이렇게 통곡한 적은 이번이 처음이다. 나에 대한 자책감과 함께 그런 성도들(집사, 권사, 장로 포함)이 있다는 사실에 가슴이 절여오면서 새 나가는 진단을 해주고 처방까지 해 주었는데도 제자리로 돌려놓지 못하는 데 대한 불순종의 아픔이 나에게 그대로 전달되는 것만 같았기 때문이다. 손수건이 적셔지고 휴지에 콧물 눈물 범벅이 되었다. 아마도 20여 분 이상 지나지 않았나 싶다. 엉엉 울다 목소리마저 막혀 버렸다.

마지막 시간 강사는 이런 말씀 한마디를 다시 분명히 했다. '교회 역사가 100년이 넘어 오래된 교회이다. 건축할 기회가 있었는데 잃어버렸다. 그러니 이제라도 새는 구멍 막고 지금 교회가 할 일이 무엇인지를 찾으라.'는 말씀이다. 이에 학개서 1장에 말

쓸하고 있는 자기 집 짓는 일에 빨랐다는 등의 말씀도 제시했다.

사실 내가 맨 처음 현재 교회 부임했을 때부터 이 문제는 기획 위원들에게 몇 번씩 강조하고 그 이유에 대해서도 여러 차례 제시한 바 있다.

앞서 성경에 나오는 개인적인 통곡을 한 경우 놀라운 사실은 그 개인도 살고 모두 그 나라가 회복되고 평안하게 되었다. 더 놀라운 것은 에스라가 하나님 전에 울며 기도하되 죄를 자백하자 이에 많은 백성들이 통곡하며 남녀노소 큰 무리들이 모여 잘못된 이방인 맞아 결혼한 아내들을 내보내는 등 스스로 죄로부터 돌이키고 결단하는 것을 볼 수 있다.

결국 개인적인 통곡과 모든 성도들의 애통해하는 통곡이 일어날 때 불임이 해결되고, 죽을병이 떠나고, 멸망할 나라가 회복되었으며, 원수들이 스스로 진멸하였다. 그리고 내적으로는 평안과 기쁨과 나라의 안정과 영적 부흥과 구원의 역사가 일어났음을 알 수 있다.

마르지 않은 통곡의 눈물샘이 내게 있었던 부흥성회, 단지 내가 목회하는 교회만이 아니라 우리 한국교회가 다시 사는 길은 이런 거룩한 집단적인 통곡의 눈물샘이 이 땅에 강물처럼 흐르는 때, 그날 그 시점으로부터 다시 오리라고 믿는다.

도둑맞은 교회

스릴과 전율

　　흔히들 어떤 경탄할만한 광경으로 인해 가슴 조이며 간담肝膽을 서늘케 한다고 할 때 영어이지만 우리말처럼 쓰이고 있는 표현 중에 '스릴(thrill)'있다고 하는 말이다. 예컨대 옛날 지역을 순회하던 이동 서커스단의 공연을 연상해 보면 이 단어가 쉽게 다가올 것이다. 그중에 외줄 타기 하는 서커스단원이 떨어질 듯 말듯 아슬아슬한 곡예사의 묘기를 펼치며 관객들의 마음을 사로잡을 때 놀라기도 하지만 통쾌한 함성을 지르는 경우가 있었는데 그 장면을 가리켜 스릴 있다고 표현해 봄 직하다.

　　그런가 하면 이번에는 좀 다른 분위기에서 가슴 조이기는 마찬가지나 몸이 오싹하여 공포를 갖게 됨으로써 간담을 녹게 한다는 뜻으로 몸에 '전율'을 느낀다는 말이 있다. 이 공포의 전율로 떠는 순간 비명을 지르거나 그러지도 못한 상황인 경우 숨죽일 수밖에 없다.

이처럼 스릴은 긴장감 속에서도 경이로움으로 인해 이완된 마음이나, 전율은 똑같은 긴장감 속이지만 공포심으로 인해 수축된 마음이다.

한번은 내가 속한 선교회 정기 모임이 있어서 참석했다. 거기서 현재 사회주의 국가로써 선교를 철저히 금지하고 말살 정책을 펴고 있는 곳에 다녀온 분들의 소식을 듣게 되었다. 민감한 사안인지라 이곳에서 자세히 밝힐 수 없는 아쉬움이 있지만 어떻든 그 소식을 들으면서 앞에서 언급한 두 단어 — 스릴, 전율 — 가 생각났다. 한 마디로 무사히 다녀온 그들의 한 주간 모든 여정들은 매 순간의 동선이 불안한 전율 속에서 스릴을 경험하는 초긴장의 연속이었다고 표현함이 맞는 것 같다.

그러면서 복음의 진정한 능력은 아무 문제가 없는 곳에서 나타나는 것이 아니라 이같이 철저한 억압과 방해와 살벌하게 생명의 위협을 느끼는 곳에서도 그런 것을 뚫고 싹 트이게 된다는 사실을 다시 한번 깨닫게 된다. 즉 복음의 능력은 개인적인 자유와 국가 권력에 의해 보호받았을 때보다 개인적인 고통과 외부의 숱한 탄압이 있을 때 도리어 복음은 내성이 강해져 부흥성장에 원동력이 되어 왔다.

그런 점에서 사회주의 체제에서 보장은커녕 앞길이 막히고 신변의 위협을 당하는 불이익을 감수하면서 예수 그리스도를 믿고 사역자가 되겠다고 하는 사람들이 있다는 사실 자체가 몸서리쳐지는 전율에 가까우면서도 한편으로 복음이 주는 스릴임에 환호

성을 외치게 한다.

사우나 가서 냉탕과 열탕을 오가며 몸에 새로운 자극을 주는 것처럼 신앙생활에 있어서도 때로는 이런 영적인 자극이 필요하다.

하지만 유감스럽게도 우리가 살고 있는 대한민국의 현실은 어떠한가? 각 교단을 들여다보아도 개체 교회를 놓고 보아도 선뜻 복음을 자랑스러움까지는 못 미쳐도 부끄러워하지나 않고 있는지를 물어야 할 때가 된 것 같다. 이는 시대가 변하고 발전하여 복음 자체가 필요하지 않기 때문도 아니고, 복음 자체가 다른 것에 밀려 힘을 잃었기 때문도 아니며, 시대착오적이기 때문도 아니다.

그렇다고 신앙의 자유가 제한받고 있기 때문도 아니다. 교회를 가고 싶으면 얼마든지 갈 수 있고 마음 놓고 기도할 수 있고, 지금도 얼마든지 길거리든 가정이든 누구든 만나서 전도도 할 수 있기에 복음 전파는 초대교회처럼 결코 막힌 공간이 없다. 다만 분위기가 예전 같지 않음은 부인할 수 없는 사실이다.

이러한 배후에 누적된 문제는 무엇인가? 그 중의 결정적인 원인 중의 하나가 복음을 이미 받은 나와 이 시대 그리스도인, 좀더 나아가 너무 형식화되고 굳어져 제도화되고 '문제의식'을 상실한 실용주의적인 교회구조적 모순들, 그리고 복음 위에 군림하는 교단 패권주의의 병폐라고 본다. 결국 이런 내부적인 부패와 안일함 등에 빠져있기에 스스로의 자정능력을 잃어 가고 있다는 점을 지적하지 않을 수 없다.

그 결과 똑같은 틀에 짜여 변화 없는 무기력한 신앙을 겨우 유지하다 보니 자체의 힘을 상실해 가고 있는 것이다. 따라서 신앙의 새로운 스릴과 전율이 경험되는 사건이 일어나도록 안일하고 구태의연한 삶을 거부하게 해주는 '문제의식'을 품고 이에 대한 자신의 의지적인 결단이 있어야 하고, 여기에 자신이 속한 교회에서 기회를 제공하는 성경 공부 모임이든 기도훈련이든 아니면 특별 집회를 통해서든지 간에 영적 성장에 도움이 되는 시간과 장소를 게을리하지 않는 적극적인 '참여 의식'을 가지고 자신을 끊임없이 개혁할 수 있어야 한다. 뜻을 정하지 않고 주어진 형편에 따라 상황에 맞게 편리한 대로 살려는 실용주의적 신앙이 부지불식간에 번져가고 있다. 그렇기 때문에 해도 어려우면 피하고 쉬운 것만 따라 살려는 수동적인 신앙생활을 청산하고 '사명 의식'과 '주인 의식'을 가지고 신앙의 퇴보 주의보를 스스로에게 발령해야 한다.

모름지기 우리 신앙은 스릴과 전율을 경험하는 그런 경이로움과 위기감 속에서 새로운 신앙 성장과 성숙이 이루어진다는 사실을 잊지 말아야 할 것이다.

도둑맞은 교회

영적 독립군으로 산다면…

매일 새벽 시간 강단에서 기도하다 보면 주님 말씀과 함께 여러 가지 기도 제목들을 기도하지만 때로는 어떤 날에는 새로운 생각이 떠오르게 되는 경우가 있다. 그때는 얼른 그 단어나 문장을 준비한 노트에 기록하곤 한다. 그 번뜩이는 착상着想의 단어나 문장이 시간이 지나 잊혀져 버릴 수 있기 때문이다. 나아가 좀 더 구체적으로 실현되려면 기록한 것을 계속 되새김질하기 위해서이다.

그런 시간이 지난주 새벽 강단에서 기도하는 중에 있었다. 몇 가지 단어가 내 생각 속에 계속 번뜩였다. 그리고 그 단어들이 이렇게 연결되기 시작했다.

'비전(vision) — 미션(mission) — 패션(passion) — 액션(action)'

그리고 성경을 보니 하나님은 선지자들에게 하나같이 비전을 주셨다는 것을 알았다, 그리고 그 비전이란 하나님이 주신 말씀이었다('계시', '묵시'라는 우리말을 NIV성경에서 Vision으로 표기: 이사야, 다니엘, 에스겔, 오바댜, 미가, 나훔 등).

비전은 익히 아는 대로 앞으로 목표를 가지고 나아가야 할 방향 제시이다. 그런 점에서 아날로그적 개념에서 나침반에 비유하기도 한다. 따라서 잠언에서는 "비전이 없는 백성은 망한다…"(잠29:18a)라고까지 기록하고 있다.

그런데 그리스도인은 이 비전이 하나님 말씀이다. 라는 것이다. 즉 내가 나가야 할 방향 제시가 선지자들과 다름없이 하나님 말씀에서 비롯된다는 것임을 알 수 있다. 그러면 다음으로 미션을 갖게 되는 것이다. 즉 미션은 사명이다. 비전을 주신 것은 말할 나위도 없이 하나님 나라 전파를 위한 미션이다. 이를 위해 나(우리)에게 어떤 일, 사명을 감당하도록 불러 주시고 제자 삼으셔서 성령을 주시고 지역과 열방으로 가서 전하도록 하셨다는 사실에 이의가 없다. 이런 미션을 가지고 사명을 감당하는 사람들 속에 생기는 동력이 있는데 그것이 바로 패션, 즉 열정이다. 바울은 이 사명 때문에 전하지 않으면 화가 있으리라는 마음을 지울 수가 없었고, 예레미야는 더 이상 전하지 않으면 마음에 불붙는 것 같아서 견딜 수 없다. 라고 고백하고 있다. 이것이 하나님 말씀 가진 자들 속에 끓어올랐던 패션이었다. 그런 한 개인의 감동과 열정 뜨거운 눈물과 거룩한 애통과 탄식은 그 백성과 민족을 향한 희망 자체였다. 그리고 이러한 패션을 가진 사람들은 그 뜨거운 가슴을 가지고 액션, 즉 행동하는 양심, 몸소 행동으로 실천하는 삶을 사는 데까지 자신을 희생하게 된다.

그것이 주님이 우리에게 몸소 본을 보이신 것처럼 십자가 죽음으로 산 증거가 되신 것이 아니겠는가? 이런 비전을 가진 구약의 선지자들과 초대교회 사도들은 결코 왕이나 동족들의 호감이나 인기는커녕 신변의 안전에 위협을 받을 만큼 자유롭지 못한 삶이 아니었던가!

그들에게는 이 4가지가 분명했다. 하나님 말씀의 비전이 분명했기에 어디로 가야 할지 방향을 분명히 제시했다. 그것은 하나님 나라였다. 그런 그들에게는 어떤 서슬 퍼런 권력이나 세상의 유혹과 풍습이 주님으로부터 돌이키게 하지 못했다. 생명 받쳐 복음을 행동으로 실현해 내는 순교적 믿음이 있었기 때문이다. 그들 속에는 하나님 나라가 이미 이루어지고 있었다. 이것이 진정한 복음의 능력이다. 거기에 죽지 않는 생명력이 있었다.

그러면서 오늘의 이 시대를 비추어 보았다. 감리교회를 그 거울로 비추어 보았다. 애석하게도 이 4가지가 세상 것에 온통 짓이겨져서 모두 희미해진 가운데 보이지가 않는다. 그 이유는 먼 데 있지 않았다. 우선 하나님 말씀이 말씀 그대로의 비전이 아닌 생계유지의 수단이 되어 가고 있고, 자신의 명예와 이익의 도구로 전락하여 가고 있다는 데서부터 시작되었다. 그런 그들에게 하나님의 미션인 사명보다는 자신의 관록과 지위 확보를 위한 탐욕에 함몰되어 비전과 미션을 상실할 수밖에 없었다. 따라서 패션이 하나님을 향한 뜨거운 가슴이 아닌 자기 의로 둔감함으로써

금권 선거로 내 편 모으느라 하는 거기에 줄 서 있는 자들과의 협
잡으로 치졸한 모리배들이 감리회를 형해화한 지경까지 이르게
하고 있다. 이렇게 나타나는 액션, 그 행동의 결과가 불을 보듯이
뻔한 오늘의 목회 현장이고 감리회 현실이다.

그럼에도 불구하고 이런 전설 같은 실제 목회 현장, 교단 현실
을 다시 회생할 수 있는 길을 실오라기 같은 희망의 불씨라도 모
아 새로운 대안을 모색해 나가야만 한다고 본다. 그러기에 이와
같은 질곡의 어둠에서 깨쳐 일어난 소수라도 민족과 교단을 살릴
수 있는 의식 있는 영적 독립군들이 필요할 때이다. 구한 말 독립
군에 들어가려면 그 자격조건으로 3가지 각오가 되어 있어야 했
다고 한다. 즉 죽을 각오인데

뜻을 굽히지 않고 매 맞아 죽을 각오,
굶어 죽을 각오,
얼어 죽을 각오였다.

그와 같이 사사로운 이익에 명분을 내주기보다 대의를 위한다
면 죽을 각오는 아니더라도 최소한 사람들의 비난과 욕먹을 각
오, 인기 떨어질 각오, 그리고 보장된 자리 밀려날 각오 정도는
해야 하지 않을까?

이런 각오를 가지고 작금의 희망과는 영영 멀어져 버린 감독,
연회라는 기존 구태의연한 프레임을 과감히 깨버리고 새로운 대
안을 위해서는 어떤 입법이나 개정보다도 총체적으로 개편할 수

있는 대장정을 논의해야 할 때라고 본다.

숭실대 교정에 세워진 독립유공자 88인 추모비

상품을 팔기 전에 신용을 팔라

　　　　　구멍가게를 하는 영세업종, 중소기업, 대기업을 운영하든 이들의 공통점은 일차적으로 이윤추구에 그 목적이 있다. 그러다가 어떤 대표 중에는 간혹 그 이윤을 극소화해서 사회에 환원함으로써 선한 사업에 귀감이 되는 분들도 있다. 하지만 그들일지라도 처음부터 자선 사업하려고 창업할 리는 만무하다. 그런 분이라면 애초부터 자선 단체를 만들어 그 목적에 충실했을 것이기 때문이다. 따라서 욕심이 앞서 이윤추구를 극대화하려다 보면 결국 파생되는 문제가 소비자에 대한 신뢰성 상실이다. 더 나아가 양심의 문제가 대두된다.

　예컨대 지난주 이와 관련되어 마음이 편치 않은 일이 있었다.

　5주 전에 구입한 두 개의 파키라 나무 화분 중 하나가 시들어가기에 구입한 곳이 아닌 다른 꽃집에 전화를 하여 다시 분갈이를 하면 재생 가능성이 있다기에 미화 담당 권사님이 가지고 갔다. 왜냐면 구입한 곳에서는 조치를 취할 수 없다고 잡아떼기 때문이었다. 그런데 다른 꽃집 주인이 그 쏟은 화분의 나무를 보더니 3식 뿌리가 모두 썩어 재생이 불가능하다는 진단이었다. 이런 상태가 된 것은 최근에 일어난 현상이 아니라는 것이다. 사실 구입한지 2주째부터 약간 잎이 시드는 현상이 있었지만 그때는 한두 잎이 그럴 때라 구입한 가게에 문의한 결과 통풍이 잘되는 곳에 두라고 하기에 줄곧 밖에 두고 키워왔다.

5주 전 구입한 4개의 화분 중 가평 꽃집에서 구입한 행복 나무 2개는 아무 이상이 없었다. 그러나 청평에 있는 그 꽃집에서 구입한 하나가 말썽이었다. 권사님이 가지고 가서 그런 뿌리가 되어 있는 상품을 판 그 주인에게 보여줘도 공산품이 아니고 생물이라서 그렇다느니, 우리 쪽에서 물을 자주 주었기 때문이라고 떠넘기며 책임이 없다고 잡아뗐다. 그러나 구입 시 물을 7—10일 간격으로 주라는 그 주인의 말대로 관리해 왔다. 3주 전 당시 물을 줄 때도 다른 두 개의 화분에 비해 흙 자체도 배수가 잘 안 되는 의심스러운 화분이었다. 그런 그 꽃집 주인은 모 교회 집사였다.

이런 상품을 판 그에게 따끔한 몇 마디 충고를 메시지로 보냈다. 이후 더 이상 나와 같은 피해자가 나와서는 안 된다는 경고를 해주기 위함이었다. '불량품을 팔아 이윤을 남기는 것은 주님의 가르침이 아니라는 말과 함께, 돈 몇 푼에 양심을 팔아 가게를 운영함으로써 하나님 영광을 가리는 일 하지 말라…' 하며 단호하게 그의 상실된 양심을 지적하였다.

크리스천 기업가 정신은 이윤의 극대화가 아니다. 그런 멘탈이 되면 신뢰를 잃어버린다. 그것은 사람을 잃는 것이고 믿음의 실종도 함께 뒤따른다는 사실을 기억해야 한다.

그리스도인의 상도덕은 제(상)품을 팔기 전에 자신을 팔아야 한다는 의식이 선행되어야 한다. 그런데 적어도 이런 학습을 정상적인 그리스도인이라면 교회에서 수없이 가르침 받았을 것이다. 받았음에도 불구하고 그렇게 했다면 파선된 믿음이고 양심의 실종이다. 설사 제품의 결함이 있었다면 소비자의 마음을 헤아려 다시 되돌려 변상도 해 줄 줄 아는 아량이 있어야 하고 또때에 따라 페널티까지도 지불할 줄 아는 그런 멋지고 시원스러운 매너를 보여 더 좋은 신뢰를 쌓는 것이 마땅하지 않겠는가?

눈에 보이는 몇 푼 이윤 때문에 신용을 잃어버렸다면 그 사람은 사람을 잃어버린 것이요, 자기 양심을 잃은 자요, 더 나아가 주위에 영혼을 구원해야 할 그 영혼의 전도의 길을 막아 버리는 것과 같다. 그러자 다른 꽃집 주인도 그가 교회 다니고 있다는 것을 알고 있었다. 그리고 내게 이런 말까지 했다. '나는 교회 다니지 않는다. 가끔 우리 집에 교회에서 전도하러 온다. 그런데 이런 말을 들으니 난감하다.'라고 했다.

나는 믿음의 기업인들에게 이런 말을 다시 드리고 싶다.

상품을 팔지 말고 그 이전에 당신 인품을 팔고 살 수 있는 사회를 만들 수 있는 기업가 정신이 필요하다. 얼마나 많은 이익을 남

도둑맞은 교회

길까 하기 전에 어떻게 소비자가 나의 신뢰를 살까를 염두에 두라. 그리고 상품으로 복음의 영광 가리지 말고 그 상품이 복음으로 영광스럽게 만들라. 그러면 이익도 따라오게 될 것이다. 간혹 뜻하지 않은 불량품이 있을 수 있다. 이 때 조심할 것은 사람보다 돈이 크게 보이면 불량품 파는 불량인생이 되기 십상이다.

음식을 팔든 꽃을 팔든 또는 공산품, 농산품, 수산품을 팔든 그리고 부동산, 동산을 팔든 이익을 남기려 하기에 앞서서 사람을 남기고 신용을 남기는 것이 최고의 이익임을 잊지 말아야 한다. 이것이 크리스천 기업인, 더 넓게는 이 민족 자랑스러운 백성들의 실력과 저력이 되어야 할 것이다.

호박에 줄 그으면 수박이 되나?

　　　　　호박은 우리나라 여름이면 들판이나 담과 지붕에서 흔히 볼 수 있는 밥상에 오르는 무공해 음식 중 하나다. 이런 호박은 연한 잎도 쌈으로 먹고 떡을 만드는데도 쓰이며 열매가 열려 어린 애호박일 때는 상큼한 음식으로 밥상에 오르고 나중에 누렇게 늙은 호박이 되면 호박죽으로 일미일품이다. 게다가 호박씨 또한 통증 완화 견과류로 알려져 있을 정도로 어느 것 하나 버릴 것이 없으니 그야말로 팔방미인이랄 수 있다.

　이뿐만이 아니다. 특히 늙은 호박이 가장 인기가 있을 때가 있다. 예컨대 아이를 출산한 산모의 몸의 부기가 빠지지 않아 고생할 때 호박 철이 아니어서 구하기 힘든 경우 웃돈을 주고라도 구해야 할 만큼 귀할 때가 있다.

　오래전 첫 목회 시절 때 이야기 하나를 소개하고자 한다. 내 아내가 첫 아이를 출산한 후 몸의 부기가 빠지지 않아 고생할 때였다. 의학 사전에 근거가 없는 이야기라 하지만 그래도 부기에 호박이 좋다는 이야기를 들었다. 바로 때 지난 이 늙은 호박을 구하기 위해 당시 교회가 있던 근방 시골 교인 집과 온 동네를 수소문하여 어렵사리 그나마 작은 것이라도 2개 정도를 찾아냈다. 그 귀한 호박이지만 당시 시골에서는 흔해서인지 그다지 귀하게 안 여겨 제대로 보관하지 않고 방치하다 보니 한겨울 지나면 먹지도 못한 채 그 호박들이 대부분 썩고 만다. 그러기 때문에 7월경에는 호박이 열리기 전인지라 단 하나를 구하기도 여간 힘든 게 아니다. 더군다나 애호박도 아닌 햇볕을 받아 늙은 호박을 구하는 것은 보물찾기보다 더 힘들다. 하지만 감사하게도 겨우 작은 호박 두 개를 구해서 아내에게 먹인 기억이 있다.

그런데 왜 그랬는지 모르지만 예부터 호박을 흔히들 여성의 얼굴을 비하할 때 등장시키곤 한다. 앞에서 언급했듯이 그토록 고마운 호박을 왜 푸대접하는지, 말 못하는 호박이어서 그렇지 나라도 나서서 대변해 주고 싶을 정도로 고마운 호박이다. 아마도 그 식물에 대해 편향되고 왜곡된 시각과 인식에서 비롯된 게 아닐까 본다. 더욱이 호박의 용도와 효용가치를 아는 사람이라면 그럴 수 없다. 그 식물로서의 존재감이 단연 으뜸 수준에 속하기 때문이다.

그럼에도 불구하고 우리나라 사람의 통념 속에 호박은 비교 대상에서 열등한 것에 비유되기 일쑤이다. 한편 우리 주위에서 아주 흔하게 쓰이는 대표적인 말 중에 하나를 보아도 그렇다. 그런 말 중에 '호박에 줄 긋는다고 수박 되나?'이다. 가만히 이 속담을 들여다보면 왜 또 호박을 하필 수박에 비유했을까 하는 의구심을 품게 된다. 호박은 호박이고 수박은 수박인데 말이다. 굳이 열매로 따진다면 같은 한 그루 심은 호박이 수박보다 훨씬 많은 열매를 내지 않을까?

호박의 줄기가 뻗어나가는 넝쿨을 보라! 담에도, 지붕에도 올라가 열리는 매우 번식력 높은 특이한 식물이다. 한번 심어놓으면 크게 돌보는 일 없어도 주인을 힘들게 하지 않고 알아서 제 마음껏 온 들판을 다니다 덩그런 호박을 맺혀내고야 만다. 비록 잎은 다 시들어도 가을 녘 무렵 늙은 호박 덩어리는 영양 만점으로 주인의 손을 기다리고 있는 모습을 보게 된다. 이처럼 호박의 용도가 다르고 수박의 식용가치가 다른데 왜 이 둘을 짓궂게 비교대상에 놓았을까? 역시 재차 품게 되는 의문이다.

호박은 식탁에 영양가 있는 음식이고, 수박은 더운 여름날에 각광받는 최고의 인기 과일로써 탄수화물이 풍부하기로 단연 으뜸에 속하는 과일이다. 이처럼 둘 다 다른 용도로 우리 인체에 도움을 주는 매우 유익한 음식이고 과일이다.

이번에는 내 나름대로 호박 흉보기보다는 수박을 호박에 비교하여 이런 각도에서 흠집을 찾아보았다. 우선 늙은 호박인 경우 누런색으로 겉과 속의 색이 똑같다. 그러나 익은 수박은 겉과 속이 전혀 다르다. 겉과 속이 다른 사람을 표리부동表裏不同하다고 하는데 수박으로 말하자면 겉과 속이 다른 사람에 비유할 수 있어야 할 것이다. 라고 색다른 가정을 해 보았다. 그렇지만 이것도 부분적으로 보아서 그렇지 결국 왜곡된 시각이다. 왜냐하면 수박은 겉은 딱딱하지만 속은 과육이 부드럽고 달콤하니 이 또한 수박을 보이는 것만으로 겉과 속이 다르다고 판단할 소지가 못 되기 때문이다. 이러고 보니 이 두 가지 호박과 수박 예찬론을 펴면서 중요한 교훈을 얻게 된다.

그런 점에서 음식이나 사물은 물론 특히 사람을 볼 때 너무 경솔하게 외모로 판단하는 습성이나 왜곡된 자세는 지양해야 할 것이다. 그런 경향으로 사람을 보기 시작하면 상대방의 소중한 장점을 놓치는 것은 물론 지나치게 자기 잣대로 사는 독선에 빠질 우려가 다분하다. 호박과 수박이 각각 다르게 지닌 영양의 효용성과 쓰임새, 우리 몸의 효과에 있어서 모두 유익하게 해 주는 음식과 과일임을 감안하면 결코 생김새만을 속단하여, 인간이 만들어 놓은 잘못된 논리로 판단한 나머지 부정적인 입담으로나 문장으로 남겨진 속담이 되는 일은 이후로 사라져야 할 것이다.

따라서 우리가 만나는 사람들 사이에서도 무엇보다 필요한 것은 서로의 장점을 극대화해 주는 그런 멘탈로 살아갈 때 각박하게 살아가는 이 세상을 한 층 더 웃음기가 만연하고 화기애애한 평화로운 사회로 만들어 갈 수 있을 것이다.

두 가지 중 하나를 포기하라고 한다면?

　　　　　　마이크 샌델은 "정의란 무엇인가"라는 그의 책에서 '인간의 도덕적 가치는 돈으로 살 수 있는 것들이 되어서는 안 된다'는 주장을 하고 있다. 그럼에도 불구하고 돈의 교환가치가 절대적 수준이 될 만큼 오늘날 자본주의의 현실이 되어 가고 있음을 부인하기 어려운 시대이다. 이것이 우리가 살아가고 있는 가치 혼돈이다. 더욱이 믿음의 세계에서도 심각하리만치 비슷한 일이 벌어지고 있다.

　　모교 졸업생 목회자들의 모임인 숭목회라는 모임에서 지난 몇 년 전까지 모교에서 한 달에 한 번 열리는 아침 월례 기도회에 임원들 30여 명이 첫 번째 참석하게 되었다. 이른 아침 모교에 7시까지 가야 했기에 새벽 기도회를 인도한 후 곧바로 첫 시간 전철인 5시 35분에 출발하여 기도회에 참석했다. 기도회 후와 조식을 마친 후 숭목회 임원 연석회의에서 모교 총장님으로부터 매우 심각한 학교 측의 애로사항을 듣게 되었다. 그 내용은 기독교 학교가 아니면 그다지 문제가 되지 않을 수 있는 문제였다. 그러나 모교의 정체성, 즉 신앙의 근본적인 가치, 건학 이념에 관한 내용이었기에 총장도 그 문제를 우리에게 공개했고 우리 숭목회원은 이에 깊은 관심과 우려를 갖지 않을 수 없었다.

그 내용인즉슨 3가지였다. 하나는 신입 교직원 채용 시 채용요건에 기독교인이라는 규정을 명시하는 것에 대해 국가인권위원회가 시정명령을 지시했다는 것이다.

두 번째는 동성애 주창자들이 모교에서 건물을 사용하는 것에 대해 대관을 불허하자 이들이 국가인권위원회에 제소하고 이에 대해 국가인권위는 이들의 제소를 받아들여 모교에 또다시 시정명령을 지시한 내용이다.

그리고 세 번째는 성소수자들의 주장이 표면화되고 거세지고 있는 데 대해 학교 내에서의 주장을 불허하겠다고 총학 측에도 전달했다는 총장의 단호한 의지였다.

문제는 위에 언급한 두 가지이다. 이 두 가지는 최근 들어 급물살을 타고 있는 특정 종교 차별과 성소수자의 인권과 정체성이라는 미명 하에 세계적인 추세의 역풍으로 우리 사회에 크게 대두되고 있는 대표적인 이슈들이다.

우선 신입 교직원 선발 시 기독교인 명시를 시정하라는 명령 건이다. 이는 엄연히 사립학교법을 무리하게 정부 주도로 훼손하고 더욱이 기독교 학교의 고유한 정체성 즉 건학 이념을 송두리째 부정하는 폭거暴擧나 다름없는 비상식적인 정부의 오만이다. 이런 건학 이념을 지킬 수 없었다면 근대 교육의 효시라 할 126년 전 평양 시민들이 주도가 되어 학교가 세워질 이유도 없었고 지금까지 존속할 이유가 없다. 대학의 자립권을 간섭하는 정도를 뛰어넘어 그 학교가 최고의 가치로 여기는 기독교 정신의 가치까지 인권위가 그들 손아귀에서 마음대로 조종하겠다 하는 것은 국가가 대학을 향해 그리고 수많은 졸업생들에 대한 무모한 권력의 남용이요 악행의 극치 외에 어떤 수식어로도 부족하다. 권불십년權不十年이란 말을 아마도 그들은 잊고 있는 듯하다.

다음으로 동성애자들에게 대관을 불허한 것에 대한 시정 명령도 같은 맥락이다. 그들이 미워서도 아니다. 그들을 차별해서도 아니다. 다만 기독교 정체성과 모교 건학 이념에 위배되는 행사나 주장들에 대한 불허일 뿐이다. 법정 전염병을 보유하면 학교에서나 회사 등 단체 생활에서 격리된다. 그들이 미워서나 병을 가진 그들을 차별하기 때문이 아니다. 다만 그들의 전염으로 인해 다른 대다수의 사람을 보호하기 위한 그 하나의 이유 때문이다.

동성애를 주장하는 자들이 왜 하필 기독교 학교에서 행사를 하려 하느냐? 그 말이다. 자신들의 주장만을 위한 나머지 그 학교의 정체성과 근본이념은 다 훼손해도 되고 그 외의 절대다수의 인권은 없느냐는 반문에 왜 국가인권위는 묵묵부답일까?

그러나 이런 시정명령에도 불구하고 모교 총장의 답은 매우 명

쾌했다는 점에서 우리 숭목회원들은 신뢰를 보냄과 동시에 한편으로는 그의 신앙의 주체적 결단이 존경스러웠다.

총장의 단호한 결단의 한마디 이 부분이 내 마음을 사로잡았다.

"저는 우리 학교를 위해 두 가지에 주력합니다. 하나는 학교 설립 정신, 정체성을 지켜나가는 것이고, 다른 하나는 학문의 수호성 차원에서 연구하여 발전시켜 가는 것입니다. 그런데 불가피하게 하나를 포기해야 한다면 저는 학교 발전에 필요한 학문의 수호성을 포기하고 설립 정신인 기독교 정체성을 지키겠습니다…. 재임 기간 총장직 이름을 걸고서라고 기독교 정신을 더 강화해 가겠습니다… "

인권위는 대학의 건학 이념을 존중해야 마땅하다. 기독교 정신은 흥정할 값싼 교환가치도 아니고 정부 주도로 그렇게 윽박질러 이래라저래라할 사안이 아니다. 3.1정신을 기억하는가? 독립 운동 정신을 기억하는가? 그들 속에 담긴 기독교 정신만 이해해도 이러지는 않는다.

모교의 설립 정신은 바로 그런 정신이고 기독교 정체성 위에 세워졌기에 우리 선배들은 생명 걸고 지켜왔다는 사실을 권력을 가진 자들은 잊지 말아야 할 것이다.

목사답게 살고 있는가? 에 대한 자문자답

내가 섬기고 있는 교회에서는 매일 새벽기도회 시간이면 구약부터 순서에 따라 한 장씩 말씀을 전하고 있다. 어느 날에는 롬 2장을 읽고 전했다. 말씀을 전한 후 개인기도 시간 중에 특별히 아래 기록된 말씀을 중심으로 마음에서 솟아난 글이 쓰고 싶어졌다.

"기록된 바와 같이 하나님의 이름이 너희 때문에 이방인 중에서 모독을 받는도다."(롬2:24)

이 말씀을 이 시대의 버전으로 바꾸어 보면 "…너희가 그리스도인답게 살지 않기 때문에 하나님의 이름을 불신자들이 모욕하고 거역하게 만들고 있다"는 뜻으로 해석이 되었다. 그러므로 '~답게', 또는 '~다운' 사람이어야 한다는 것이다. 즉 '~답게 살아야 할 위치에 있는 자들이 '~답지 못하게' 사는 세상은 무언가 악영향을 끼치고 많은 사람들을 답답하게 한다는 사실이다.

이와 비슷한 말씀이 갈2:11 이후에 나오고 있음을 본다. 그 내용은 바울이 안디옥에 이르러 게바가 이방인들과 음식을 먹다 할례자들(유대인들)이 들어오자 자리를 피한 것에 대한 위선(외식)을 꾸짖는 장면이다.

"…네가 유대인으로서 이방인을 따르고 유대인답게 살지 아니하면서 어찌하여 억지로 이방인을 유대인답게 살게 하려느냐…"(갈2:14)

말하자면 바울도 영적인 지도자이고, 게바인 베드로 역시 초대교회 영적 지도자이다. 그러나 이 두 사람의 배경이나 성향은 물론 사역의 대상과 방향성에 있어서도 달랐다. 그러는 가운데 바울이 지적하여 책망한 것은 위선이었다.

바울이 베드로가 행 10장에 이방인 고넬료을 만나기 이후 사건이었다면 이방인을 대하는 태도가 달랐을지 모른다. 그러나 바울이 보았을 때 이방인과 음식을 먹던 할례자들이 들어오자 베드로가 그 식사 자리를 피한 것이다. 이에 대해 위선으로 규정한 바울은 베드로에게 유대인답게 살지 아니한 것이라고 매우 강경한 어조로 책망하였다.

그 이유는 다음의 몇 가지 이유일 것이다, 첫째 지도자 한 사람의 선악 간에 끼치는 영향력이 매우 중하고 크기 때문이다. 둘째 지도자는 적어도 책임적인 행동을 보여줘야 했기 때문이다. 누가 보느냐에 따라 행동을 바꾸는 위선 된 자는 자격 미달이다. 셋째 지도자는 끊임없이 철저한 자기 검증, 자정능력이 필요함을 보여주고 있다.

오래전에 가난하여 자취생일 때 연탄가스 중독이 무서운 줄만 알았다.

좀 더 시간이 흘러 한 때 백성들을 우민화 시키고자 했던 3S (스포츠, 스크린, 섹스) 중독 정책이 그때 얼마나 영향력이 큰가를 알았다.

그리고 더 어언 세월이 흘러 문명의 이기인 인터넷 중독이 있음을 알았다.

그런데 한 시대 정치권이든 교육계든 그리고 기독교계든 지도자 부재로 인한 사태는 이런 것들과는 비교할 수 없으리만치 집단 중독 심화 현상 이상으로 염천 더위 때보다 숨통이 더 막혀 질식케 할 정도로 여파가 크다는 사실을 짙게 깨닫게 된다.

지도자라고 자처하는 사람들은 여기저기 많아 쏠리는 현상까지 나타나 언제 무너질지 모르는 위험 증후군이 산적해 있건만 정작 지도자답게 사는 사람들은 마치 천연기념물처럼 희귀종으로 분류되는 시대에 사는 나에게는 죄 짐만큼이나 무거운 짐이 아닐 수 없다.

이렇듯 바울이 또 다른 그 시대 지도자 베드로가 유대인답게 살지 아니한 것에 대한 질책은 오늘 이 시점에서 시사하는 바가 크다고 본다. 이쯤에 적어도 목회자들은 목회자 삶의 양식, 목회자다운 최소한의 규정, 그것은 제도권에서 만들어 놓은 강제법이 아니라 스스로 우리 자신과 세상 사람이 상식선에서 충분히 공감할 수 있는 정도의 넘지 말아야 할 선이 있어야 할 것이 아닌가 하는 생각이다. 이에 한국 교계에 진정으로 존경받고 신뢰받는 불가능의 가능성에 선 릴레이 주자들이 갈수록 그리워지는 시대이다.

그런 점에서 누군가가 나를 규정해 보라고 한다면 복음답게 살고, 그리스도인답게 살고, 목사답게 살고파 목말라서 자정능력을 혹독하리만치 그치지 않는 목사라고 지체없이 소개하고 싶고 그렇게 불리는 정도라면 그것이 내 전부이다.

감독을 목사로 호칭하면 실례입니까?

언젠가 감리회 본부 사이트 게시판 글에 감독 호칭 문제에 관해 뜨거운 댓글 공방을 접하고 난 소회를 함께 나누고자 한다. 그 주요 요지는 감리회 교역자들이 공적 공간(회의, 감리회 교역자 모임 등)에서 감독을 목사로 부르는 것이 실례라는 주장에 대한 견해 차였다.

한번은 필자가 속한 지역교회 목회자들 모임인 기독교연합회 월례회에 참석한 적이 있다. 그때 모임에서 이 지역에 부임한 지 얼마 안 된 목사(장로교)가 서기가 된 후 이런 일이 있었다.

그가 회무 순서에 따라 각 교회 목사님들을 호명하는데 이름 뒤에 'ㅇㅇㅇ 씨'라고 부르기에 대부분 참석자들이 좀 거북스럽게 여겨 그렇게 부르지 말고 자연스럽게 'ㅇㅇㅇ 목사님', 이렇게 호명하라고 해서 그 뒤로는 시정한 적이 있다.

이렇듯 호칭은 때와 장소에 따라 격에 맞게 사용함이 필요하긴 하다. 목사란 호칭 내지 존칭은 일반적으로 교회에서든지 사회에서든지 통용되는 지극히 평범한 호칭이다. 반면에 감독은 믿는 신앙공동체 안에서나 좀 더 좁히면 그 감리회에 속한 교단에서와 같이 일부 국한된 곳에서 부르는 호칭에 지나지 않는다. (교황처럼 감독회장 호칭을 보편타당한 대중화, 세계화했다고 볼 수 있을까?) 그런 감독을 향해 사석은 고사하고 설사 공식 석상이라고 할지라도 목사라고 호칭했다 해서 실례가 될 정도로 격에 벗어나는 일일까에 대한 문제 제기다.

교장 선생님을 선생님이라고 불렀다고 실례가 되는 걸까? 감독회장을 감독이라고 부르면 더욱이 실례인가? 감리사를 목사라고 불러도 실례가 되는 걸까? 목사를 형제라고 부른다 해서 크게 예의에 벗어난 일인가? 복수 직함을 가진 분들이 선출직으로 인해 더 나은 호칭으로 불리지 않는다고 해서 예의까지 거론함은 지나친 반응이라 할 수 있다. 사실 이런 논쟁은 비단 이번에 처음 대두된 것만은 아니다.

이미 오래전에 현직 감독의 임기가 완료되면 목사로 부르자는 안건이 감리회 홈피 지상 토론에서, 나아가 총회 때도 시비가 있을 만큼 다룬 적이 있었다. 그런 이후 한동안 연회 주소록에 오래 전에는 감독직에서 물러났어도 감독이라고 표기하다가 수년 전부터는 감독을 역임한 분들은 감독이라고 표기하지 않고 있다. 뿐만 아니라 현재 감독들도 최근 2018년 교회 주소록을 보면 전직 감독들과 마찬가지로 "정" 또는 "원목(은퇴 목사)"으로 표기되어 있다. 이 책자 펴낸 일을 본부가 한 일인데 일부러 그랬을까? 잘못 인쇄된 걸까? 아니면 혹 본부 실무자가 문어체와 구어체를 구별 못 한 표기라도 한 것일까?

그러니 목사 위에 또 다른 계급 같은 옥상옥을 만들지 않았으면 좋겠다. 목사의 끝은 목사이어야만 하기 때문이다. 그렇다고 현직감독 호칭에 대한 무시, 무용론이 아니다. 다만 혼용, 즉 때론 목사라고 호칭했다고 해서 듣는 분이 불쾌해하고 심지어 역정을 낼 이유까지는 없지 않겠느냐 해서다. 그것이 무례이고, 그분의 격을 낮추는 것이 아니기 때문이다. 물론 공식 석상에서 얼마든지 예우하여 존칭하는 것은 마땅한 일이다. 그러나 사석에서까지 너무 감독이란 호칭을 집착할 필요가 있을까?는 생각해 볼 문제다.

오히려 너무 사무적이고 회의용 호칭으로 부르기보다 사표師表가 되고 존경하는 분이라면 그 호칭이 무슨 그렇게 대수가 되겠는가? 호칭과 존칭은 엄밀히 따진다면 부르는 사람의 선택에 달려 있다고 본다. 동일한 집단 안에서는 통용될 수 있는 호칭도 그 틀을 벗어난 다른 집단(세상) 사람들에게는 다른 이름으로 불리기 때문이다. 다시 말해 이렇게 부르라, 그렇게 부르지 말라는 성질이 아니다. 존경받는 사람이라면 사석이든 공식 석상이든 호칭 따위가 하등에 문제 될 게 없다.

목사로 존경받았다면 감독이 되어도 존경받는 것 아니겠는가? 더욱이 감독이 되려면 반드시 목사가 되어야 하고, 감독이 되었다고 그 목사에서 승진하여 직위 상승하는 건 아니지 않은가?

목사로 존경받지 못하고 부정한 사람이 감독이 되고, 뒤늦게 박사가 되고, 그 이상의 스펙을 취득했다고 해서 그 이전의 수치가 면제되고 인격이 급상승되는 건 결코 아니다.

예전에 군에서 떠도는 말 중에 별을 달면 대우와 보장이 100가지가 바뀐다는 말이 있다. 교계 높은 자리도 어쩌면 이와 무관하지 않아 보인다. 사실 이것 때문에 어떤 면에서 작금의 감리회가 바람 잘 날 없지 않다고 어느 누가 부정할 수 있겠는가? 이미 부정할 수 없이 세상의 동네북같이 되어 버린 교회의 아픈 현실을 우리 모두는 목도하고 있다. 이런 진흙탕 같은 속에서 여전히 '교권 헤게모니를 일단 잡고 보자.'라는 욕망의 근시안적 프레임에 갇힌 자들에 의해 그나마 희망으로 붙들고 있는 복음의 절대적 가치가 더 이상 상실되지 않기를 읍소하고 싶다. 이를 위해 그토록 입버릇처럼 주장하는 살리는 감리교회 목회 현장이 되기 위해서는 종교 기득권을 가진 속칭 주류 세력부터 일말의 책임감을 통감하여 진정성 있는 본을 보여 주어야만 한다. 평생 목사로 불리는 호칭에 만족하지 못하고 호칭 때문에 안색이 변할 정도로 여전히 소수 지배층의 이데올로기에 머물러 포기할 줄 모르는 분들의 책임은 누구보다 더 위중하다고 본다.

도둑맞은 교회

따라서 누릴 것 그래도 누려본 이런 분들이 현실인지 능력을 가지고 먼저 자성하고 솔선수범함으로써 숨죽이며 따르려던 절대다수의 비주류요 민초같은 목사들이 다시 심기일전하는 반전의 융합이 절실히 필요할 때다. 이렇게 됨으로써 "복음은 모든 믿는 사람에게 구원을 주시는 하나님의 능력이기에 이 복음을 부끄러워하지 아니하노라."라고 한 바울의 위대한 그 정체성이 우리에게도 동일하게 무색하지 않는 살아있는 말씀이 되어 더 이상 추락하지 않고 비상함으로써 세상에 희망을 주는 위대한 감리교회로 회복되기를 간절히 소망해 본다.

이름은 부르기 쉬워야 한다

성경에 나오는 인물들 가운데 그 이름이 바뀐 사람들을 볼 수 있다. 중요한 것은 스스로 바꾸기보다는 하나님께서 도중에 특별 관리하여 개명을 해주신 사람들이 있다. 예컨대 아브람이 아브라함으로, 사래가 사라로, 야곱을 이스라엘로, 그리고 신약에 이르러 시몬이 베드로로, 야고보와 요한이 '보아너게' 곧 우레의 아들들이란 이름으로 바뀐 경우가 여기에 속한다. 그런가 하면 강제로 다른 나라에 종속되었을 경우 즉 우리나라가 일제 식민지하에 있을 때처럼 그 나라 식으로 강제로 개명당한 경우도 있다. 즉 다니엘을 벨드사살로, 하나냐를 사드락으로, 미사엘을 메삭으로, 그리고 아사랴를 아벳느고로 고친 경우이다. 이와는 달리 그의 공로를 빛내는 의미에서 기드온이 또 다른 이름으로 불리었던 여룹바알(삿 6:32, '바알과 싸우다'란 뜻)이라고 한 예도 있다.

결국 이름은 아무래도 그 사람의 정신이요, 가치요, 정체성 등이란 측면에서 일생 동안 꼬리표처럼 그를 대표하기에 누구든지 잘 짓고 싶어 한다. 그런데 옛날에는 내가 어릴 때만 해도 우리 부모님들은 특히 불신자들의 경우 대개 사주 관상에 의존하는 경향이 없지 않다. 그래서 부모님이 다른 사람에게 찾아가 자식 이름을 작명하는 경우도 있었다.

최근 이런 이름에 대해 생각하면서 내 이름에 대해 개명할 뜻이 생겨 고향에 계신 아버님께 누가 내 이름을 지었느냐고 여쭈었더니 지금은 세상을 떠나신 고모부의 작품이라고 하신다. 아마 그때는 잘 지었다고 했겠으나 내가 들을 때도 가히 부르기가 쉽지 않다는 데 대해 스스로 문제 제기를 하게 되었다.

그러니까 개명하고 싶은 가장 큰 이유는 이름은 남이 나를 부르라고 짓는 것인데 상대방이 부르기 어렵게 지을 이유가 없다는 것이 내 생각이다. 그것을 실제 일상생활에서 종종 경험한다. 누군가가 내 이름을 물을 때 개인적으로 이름을 알려주어야 할 전화상이나, 은행이나 관공서 등에서 문서를 받아쓰는 창구 등에서 상대방에게 말로 대답할 때 적지 않은 사람들이 몇 번 되묻는 경우에는 달갑지 않고 심하면 불쾌하기까지도 하다.

엊그제 그런 일을 겪었다. 비단 그날만이 아니다. 병원 창구에서 서류를 떼느라고 내 이름을 묻기에 아마도 4번 정도는 말한 것 같다. 그런데 그 여직원이 계속 알아듣지 못하여 결국 나중에는 메모지에 기록하여 주는 일이 발생했다. 내 이름을 말해주면서도 상대방이 알아듣지 못한 그 당시 마음은 왠지 씁쓸했다.

위와 좀 다르긴 하지만 몇 년 전 큰아들이 중학교 다닐 때 잠시 있었던 일이다. 그 이름 때문에 한 때 친구들에게 놀림을 당한다고 이름 바꿔 달라고 성화를 부린 적이 있었다. 심지어 아들이 다니던 국어 교사까지 놀린다고 집에 온 아들이 불평하는 것을 들었다. 물론 지금은 그런 일이 사라졌지만 부르기 쉽고 성경에 나온 인물이기에 아들이 아예 태어나기 전부터 아들이면 모세같이 백성들을 주님의 뜻에 따라 인도하는 지도자의 삶을 살았으면 하는 바람이 있었다. 따라서 그런 믿음의 인물 되기 원하는 마음을 담아 아버지로서 그에게 이름을 주었지만 그런 정신이 담긴 뜻을 헤아리지 못한 아들은 조롱당하는 것을 참지 못한 나머지 그럴 만도 했다.

내 아들들은 모두 이름이 한문 없이 호적에 올려 있다. 지금은 옛날처럼 꼭 한문을 넣어야 하는 필요성이 없어졌기 때문이다. 모세라는 이름과 주영(주님을 영광스럽게 하는 사람이 되라는 뜻)으로 하다 보니 굳이 한문이 필요치 않았다.

이에 내 이름도 그렇게 하고 싶은 두 가지 새로운 이름을 구상 중이다. 개명한다면 그 무엇보다 첫째 조건은 누구든지 한번 들어도 부르기 쉬운 이름으로 하겠다. 라는 마음이 내가 당한 뼈저림 때문에 반영될 것 같다. 그러면서 동시에 성경적인 의미를 내포하고 있는 이름을 갖고 싶은 마음이 있다. 이를 위해 성경의 인물들같이 하나님이 직접 바꿔줄 수 있다면 그 이상 바랄 것이 없겠지만 그렇지 못하기에 기도하며 성령의 감동을 기다리면서 마음에 확정이 되면 개명 절차를 밟고 싶어 법원에 구비서류를 알아보았더니 그다지 복잡한 것 같지는 않다.

이에 언젠가 내 이름이 새 예루살렘처럼 새 이름으로 불리게
될 그날을 기대해 본다.

동상이몽同床異夢

　　　　동상이몽이란 한자리에 같이 있으면서도 다른 꿈을 꾼다는 뜻으로써 겉으로는 같이 행동하는 듯하나 속으로는 딴생각을 할 때 쓰이는 말이다.

　세상을 살아가면서 사람이 사는 곳이라면 이와 같은 일은 어느 곳이든 예외가 없다고 해야 할 것이다.

　예컨대 크게는 한 국가와 다른 국가 사이에 회담을 할 때 자국의 실속을 차리다 보면 이런 갈등의 요인이 대두될 수밖에 없을 것이다. 기업의 현장 역시 마찬가지이다. 사용자와 노동자 사이에 근로조건에 따른 입금 협상 등을 위해 같은 테이블에 앉아 있을 때도 서로 간의 동상이몽은 여전히 존재한다. 다시 말하면 이해타산이 얽혀 있는 협상에는 반드시 자신의 유리한 쪽으로 해석하려 하거나 끌어들이려 하기에 동상이몽은 불식되지 않는다.

　그러기에 이런 협상 테이블에는 고도의 전략과 지략, 그리고 뛰어난 심리전, 용병술이 요구된다. 그렇다고 이런 뛰어난 지략들에 대해 비난하는 것은 타당성의 근거가 되지 못한다. 도리어 협상의 지략 부족으로 밀렸다면 스스로 무능함을 탓할 수밖에 없다. 어쩌면 이런 경우들은 동정심을 이용한 냉정함에 뛰어난 자리라고 해야 옳을 것 같다. 이것이 국제 사회와 사회의 냉엄한 생존경쟁에서 보는 현실이다.

앞에 언급한 그런 자리들은 그렇다손 치자. 그러면 목회 현장은 그런 경우들과는 현저히 다를까 하면서 돌아보게 된다. 목회 현장은 흔히들 목양牧羊하는 곳이라고 부른다. 즉 목회자와 양들의 관계성을 의미한다. 목회 현장은 무엇보다 가장 중요한 중심 축이요 오직 한 목표가 있는데 한 주님을 주로 고백하고 섬기고 주님께 영광 돌리는 일만을 추구하자고 해서 세워졌고 모인 무리들이다.

따라서 누가 이기고 지느냐가 아니다. 누가 인정하느니 마니가 아니다. 내 사사로운 감정에 따라 하고 말고도 아니다. 그렇게 해서 영광스러워야 할 목회 현장이 우선 그 소속한 사람들이 보기에도 어둡게 만든다면 그것은 주님의 영광을 가로막는 불의한 행위에 불과하다. 이미 앞에서 예를 들었듯이 목회현장은 냉엄하고 생존 경쟁하는 곳도 아니고 서로 담판 싸움하는 곳도 아니다. 더욱이 서로의 이득을 챙기기 위해 심리전을 이용하거나 무슨 대단한 지략이나 용병술을 써서 상대방으로부터 자신의 승리를 얻어낸 후 자축하는 곳은 더더욱 아니다. 왜냐하면 목회현장은 공동 우승하는 현장이고 어떤 문제든 떠밀려버리지 않고 그 문제를 안고 함께 웃고 함께 우는 공감 능력이 물씬 녹아나야 하는 곳이기 때문이다.

　이와 같은 희망을 보기 위해 가장 필요한 것이 있다면 서로 간의 존경과 신뢰가 아닐까 싶다. 존경하는 사람 앞에서는 정상적인 사람이라면 무례히 행하지 않고 내 행동을 삼간다. 또한 사람을 신뢰하면 그가 무슨 말을 해도 이해하고 믿는 쪽에 비중을 크게 둔다.

　지난주에도 어느 성도와 상담을 하면서 가까운 사람 때문에 고통스러워하며 눈물 흘리며 이야기하는 것을 들으면서 함께 울었다. 하지만 모든 문제 배후에는 가만히 들여다보면 일방적이기보다 상호적이다. 이해하면 문제를 키우지 않는다. 그러나 오해하고 의심하면 알게 모르게 미움은 커지고 문제는 확대 재생산 왜곡하게 된다.

　그런 점에서 나를 비롯한 누구도 예외 없이 문제투성이임을 인정해야 한다. 그리고 부단히 주님 앞에 나와 기도로 고뇌의 깊은 밤을 거쳐야만 한다고 본다. 자기는 잘한다고 하지만 여러 사람과 이야기하다 보면 직접 말을 안 해서 그렇지 그 사람이 무엇을 잘못하고 있는지 속속히 다 알고 있다는 사실을 간과해서는 안 된다.

　돌이켜 보건대 내가 사람 심리를 잘 다루는 능숙한 기술이나 뛰어난 지략가였다면 지금의 목회자가 되지는 않았을 것이다.

그렇다고 내 마음과 똑같은 사람만으로 목회할 수 있다고는 추호도 생각하지 않는다. 그럼에도 불구하고 목회 현장에서 경험하는 일들을 보며 오직 한 가지 소망이 있다면 복음 전하는 일에 생명 바치려 할 때 그 누군가 최소한의 동상이몽만 하지 않는 뒷받침 하는 이들이 있다면 그것으로 만족하며 소박하게 내 남은 목회를 어딘가에서 마치고 싶다.

그런 그들을 마음에 소중하게 새기면서 나를 받으실 그날 주님께 보고해 드리고 싶다.

성도들에 대한 심각한 고민 세 가지

　　　　　　　나는 최근 들어 지금까지는 크게 고민하지 않
았던 매우 심각한 고민이 생겼다. 대상은 교회 다니고 있는 성도
들에 대한 고민이고 그것들은 크게 3가지이다.

　첫째, 예수님이 좋으신 분임이 분명한데 성도들 특히 수십 년
교회 다니고 있는 성도들인데도 함께 사는 자기 가족에게, 예수
님이 좋다고 입에 침이 마르도록 왜 자랑하지 못하는 걸까? 그
좋은 예수님이라면 자녀이든 부모님이든 남편이든 아내이든 상
관없이 내게만 좋은 분이 아니라 그들에게도 좋으신 분으로 믿을
수 있어야 하지 않겠는가? 결국 안 믿는 그들의 문제라고 떠넘기
기에 앞서 함께 살면서 지켜 보고 있는 교회 다니는 누군가의 그
가족이 얼마나 예수님이 좋은 분으로 안 여겨졌기에 그렇게도 좋
으신 예수님을 가족들이 안 믿겠는가? 에 대한 의문이다.

　둘째, 교회는 예수님의 몸이고, 기도하는 집이요, 하나님의 집

　　　　　　　　　　　　　　　　　　　　　　　도둑맞은 교회

인데 왜 성도들이 내 사는 집 정도만큼도 진정으로 좋아하지 않을까? 이다. 주님이 계신 집이라면 교회 가는 시간이 설레고 기다려지고 나아가 신나야 당연한 것 아닌가? 그럼에도 불구하고 도리어 교회 나오는 발걸음이 천근만근같이 안 떼지는 이유는 무엇일까? 혹자들 가운데는 교회에 너무 시간 빼앗긴다느니 교회에서 산다느니 하는 말로써 손해와 수치가 되는 것처럼 여기는 것은 물론 교회 일 때문에 마치 집안일을 제대로 돌보지 못한다는 원성과 자조감은 언제부터 어디서 나온 발상일까?

성경 어디에 성일(주일)이 내(소유의) 날이라고 했던가? 그렇다면 누가 시간을 빼앗았다는 말인가? 주의 날이 주님의 것으로써 우리에게 복 주시려고 성일을 주셨는데 어떻게 감히 빼앗겼다는 말을 쓸 수 있겠는가? 도리어 내 날도 아닌 주님의 날을 훔쳐서 다른 곳에 악용해 오고 있음을 왜 모르는 것일까? 이는 마치 죽게 된 사람 살려주니까 왜 나를 내버려두지 살게 해서 고생하게 하느냐? 라고 역정逆情을 내는 것이요, 은혜를 원수로 갚는 것과 다를 바가 무언가?

따라서 믿는 내가 교회 가는 게 즐겁고 좋아야 안 믿는 가족이나 친구들이 뭔가 호기심도 생기고 따라가고 싶은 감동도 오지 않겠는가? 내 집이 싫어 밖으로 맴돌고 외박을 일삼으면서 집을 멀리하는 사람이라면 그 원인은 가족과 불화하고 있다는 증거가 아니겠는가? 마찬가지로 하나님의 집인 교회 가는 것이 기쁘지 않고 멀리하고 있다면 하나님과 화목하지 못하다는 뜻이요 나아가 단절되어 있다는 증거일 것이다. 그리고 자신의 멘탈리티의 문제요, 교회 공동체 누군가와 역시 불화하고 있다는 영적 진단이 가늠이 된다.

셋째, 예수님을 믿는 성도라면 주님이 하신 말씀 또한 너무너무 좋아야 하지 않겠는가? 그런데 솔직히 어디 그런가? 이 또한 의문이다. 성도들이 말씀 배우고 듣는 것을 맛집에 가느라 거리에 상관없이 찾아가는 것처럼 좋아하던가? 최근 들어 갈수록 말씀 듣는 시간을 마치 물건값 디스카운트하는 것처럼 줄이고 줄이려 한다. 하나님 말씀이 살았다 해도, 내 영과 혼과 육을 치료한다 해도 그런 초자연적인 계시에 들어가 맛보려 하지 않는다. 아니 세상 물정에는 빠르고 눈이 밝지만 이런 영적 양식에는 문외한이다. 하나님의 말씀이 순전하고 신령한 젖으로서 구원에 이르도록 자라게 한다고 하지 않았던가? (벧전2:2) 다시 말하면 말씀의 양식은 영적 성장을 위해 필수적으로 섭취해야 할 생명의 양식이라는 뜻이다.

그래서 예수님은 "내 살은 양식이다. 내 피는 참된 음료다"(요 6:55)라고 하셨다. 즉 예수님이 생명이시고 생명을 주는 신비한 양식이시다. 그러기에 수가성 우물가 여인이 예수님을 만남으로 그 양식을 받아먹고 마신 그가 만난 좋으신 주님을 가서 와보라고 증거하였다. 그리고 예수님은 제자들에게 "내게는 너희가 알지 못하는 먹을 양식이 있느니라"(요4:32) 하신 다음 그 "양식이란 아버지의 뜻을 행하고 온전히 이루는 것이다"(34절)라고 하신 것을 통해 잘 살펴보면 양식이 다름 아닌 잃어버린 자를 하나님께 돌아오도록 해주는 그 일이었음을 본다.

도둑맞은 교회

이처럼 성도는 매 순간 말씀을 갈급해 하고 말씀이 좋아함이 지극히 당연하다. 그래서 그 좋은 말씀이 전해져서 너무 세상 것으로 찌들어 있는 가족이나 친구에게도 영적 입맛을 돋우게 해줌으로써 내세의 능력을 맛보게 해주는 증인의 사명을 감당하기 위해서라도 예수님이 좋고 교회가 좋고 말씀이 좋다는 이 분명한 고백부터 다른 어떤 일을 하기에 앞서 새해에는 우선 회복할 수 있기를 바란다.

머피야 가고 샐리여 오라!

　　　　　세상을 사노라면 전혀 예기치 않은 일들이 간혹 일어난다. 그중에는 흐뭇하고 바람직한 좋은 일이 있는가 하면 이와는 반대로 마음을 쓸어내리고 속앓이할 수밖에 없는 안 좋은 쪽의 일들도 또한 생긴다.

　그런데 이런 일들이 때로는 두 경우 모두 각각 하나가 아닌 겹쳐 일어나기도 한다. 이와 같은 일이 안 좋은 쪽으로 겹쳐서 일어난 경우를 가리켜 '머피의 법칙(Murphys law)'이라고 한다. 그 유래는 미 공군 엔지니어였던 머피가 1949년 미국 에드워드 공군기지에서 조종사들에게 감지봉을 이용하여 가속된 신체가 갑자기 정지될 때의 신체 상태를 측정하는 충격완화장치 실험을 했는데 모두 실패로 끝나게 되었다. 그 이유는 기술자가 배선을 제대로 연결하지 않아 조종사들에게 쓰인 감지봉의 한쪽 끝이 모두 잘못 연결한 것이다. 이를 발견한 머피 대위가 "어떤 일을 하는 데는 여러 가지 방법이 있고, 그 가운데 한 가지 방법이 잘못될 가능성

　　　　　　　　　　　　　　　　도둑맞은 교회

이 있는 경우라면 누군가가 꼭 그 방법을 사용한다."에서 비롯되었다. 즉 일이 쉽게 풀리지 않을 때나 원하는 방향으로 이루어지지 않고 빈번히 나쁜 방향으로만 전개될 때 쓰이는 말이다.

예를 들자면 매일 버스를 타고 출근하다가 지하철을 탔더니 그날따라 지하철이 고장이 나거나, 바쁜데 가까운 주차장에 세울 주차 공간이 없는 경우, 급한 용건이 있어 전화를 했는데 통화 중이거나, 빨리 가고자 여러 줄 가운데 내가 선택한 줄보다 다른 줄이 먼저 줄어들고, 밖에서 중요한 행사해야 하는 날인데 그때가 되면 비가 내리고, 수능 시험 보기 전까지 따뜻하다 시험 보는 날은 매우 춥고….

이런 머피의 법칙과는 정반대 개념으로 주위에서 일어나는 일들이 우연히도 자신에게 유리하게 풀린다는 의미로 샐리의 법칙(Sally's law)이란 말이 사용된다. '샐리'는 영화 「해리가 샐리를 만났을 때」에서 맥 라이언이 맡은 역으로 엎어지고 넘어져도 결국은 해피엔딩으로 나아가는 샐리의 모습에서 나온 용어이다.

예컨대 어쩌다 결석했는데 다행히 때마침 그날이 휴강일 때, 주차장에 딱 한 곳 주차할 수 있는 빈 곳이 준비되어 있을 때, 시험공부 하지 않고 실컷 놀다 그나마 시험 직전에 잠시 본 것이 모두 출제된 경우. 어느 영업하는 집에 내가 들렀다 오면 장사가 잘되는 경우, 어떤 사람을 만났는데 답답한 마음도 풀리고 앞길도 동시에 열리는 경우… 등이다.

한번은 주일 낮 예배 때 아시아의 성자라 일컬을 만큼 존경받는 실로암 안과 병원장이신 김선태 목사님(77세)이 오셔서 말씀을 전해주셨다. 그분의 말씀 중에 10살 때 전쟁고아가 되고 여기에 설상가상으로 폭탄에 눈까지 실명하여 맹인이 된 이후 한동안 '나는 왜 하는 것마다 안 되나?'라는 일면 머피의 법칙에 해당하는 생각을 하셨다고 한다. 그러나 부활하신 주님을 만난 이후 지금도 일선에서 큰일을 하고 계시면서 행복해하시는 분이다.

그런 말씀을 듣고 난 주간을 보내면서 얼마나 내가 부끄러운지 모르겠다. 눈앞에 보여지는 현실은 피할 수 없는 일로 인해 너무 마음이 혼란스럽고 무거운데 목감기까지 들어 기침으로 잠을 이루기가 힘들다. 게다가 멀리 떨어져 학교 다니는 장남이 지난 몇 개월 전에는 계단에서 넘어져 발목이 삐어 고생하더니 지난 금요일에는 또 계단 모서리에 다리를 다쳐 살점이 패여 병원에 다녀왔다면서 부모가 와야 한다는 담임선생님의 전화였다. 샐리의 법칙이 아닌 머피의 법칙의 소용돌이 속에 멘붕을 맞은 듯한 기분이라 표현해도 과언이 아닐까 싶다.

그러던 중 거리에서 보았던 박카스를 실은 화물차에 쓰인 인상 깊은 감성 마케팅 이미지가 기억에 남는다. 그 문구인즉 '풀려라 5,000만 풀려라 피로'이다. 잘 풀리는 화장지가 좋은 화장지가 아닐까? 경제도 풀려야 서민들이 살기에 갑갑하지 않으리라. 아무리 겨울이라지만 너무 꽁꽁 얼어붙는 날 보다는 금세 햇빛이 들어 날씨도 잘 풀려야 한다. 피로도 풀리고 무엇보다 경직된 마음이 풀려야 의욕적인 삶을 살 수 있겠구나! 하면서 새삼스러우리만치 진지하게 부활하신 주님이 내 주인임이 분명한가? 묻기

도둑맞은 교회

를 되뇌며 보내는 중이다.

경제는 심리이다. 라는 말이 있는데 교회 분위기도 이 심리의 적용을 크게 벗어나지 않는다. 그러기에 부활의 소망이 희미하여 머피의 법칙이 지배하는 분위기로서의 교회는 혼란스럽다. 그러나 샐리의 법칙에 의해 움직이는 사람과 부활하신 주님께 소망을 두고 그 부활을 전하는 교회는 활력이 있고 행복할 것임은 틀림없다.

지금 나를 비롯한 누구에게라도 묻고 싶다. 나의 삶의 기울기는 주위의 분위기와 내 기분에 따라 수시로 변하는 머피 쪽인가?, 아니면 부활의 소망을 가지고 늘 언제 들어도 힘이 나는 샐리 쪽인가?

집사님 눈물 속에 담긴 삶의 여정

어느 날엔가 주일 예배 후 식사를 마치고 70 넘으신 집사님과 대화를 하게 되었다. 주중에 수술 예약을 앞둔 분이셨기 때문이다. 오래전부터 얼굴 안면에 이상 증후군이 나타나 평소 생활하는 데 불편한 분이셨다. 눈과 얼굴 주위가 파르르 떨리고 씰룩거리면서 눈이 감기고 입 한쪽이 올라가는 등 경련이 일어나는 현상이 지속되어 왔다.

관심을 가지고 인터넷을 조사해 보았더니 의학적 질환명으로 '안면경련' 혹은 '안면연축'이라는 질환이었다. 이 질환은 중년 이후 주로 나타나지만, 최근 들어 스트레스를 많이 받는 젊은 층에서도 나이에 상관없이 발생하는 증상이라고 한다. 이러한 증상은 몇 년 전 통계를 보니 남성보다는 여성이 무려 3배 가까이 높은 수치로 나타났다. 또한 서양인보다는 우리나라 사람 같은 동양인에게 4~5배 정도 많이 발생하는 질환이었다. 그 대표적인 원인 중의 하나는 일반적으로 뭉뚱그려 표현하기를 과도한 스트레스와 긴장으로 알려져 있음을 보았다.

이 집사님은 이곳에 시집와 사신지 50여 년이 넘은 분이다. 우리나라 옛날 조상들이 그렇듯이 아들 선호 사상이 짙은 가문으로 지금은 작고하신 오랫동안 시부모님을 모시고 살아온 분이셨다. 슬하에 장성한 아들 하나에 딸 셋을 두신 분이다. 잠시 동안 나눈 대화였지만 집사님이 하신 이야기를 듣고 보니 금방 느껴지는 생각은 '아! 집사님이 시집살이하면서 무척이나 마음에 쌓아 둔 긴장과 눌림 등을 말하지 못한 채 오랜 세월을 지내 오셨겠구나!' 하는 마음을 대화 내내 떨쳐 버릴 수가 없었다.

잠깐 집사님이 가정 내력을 언급하시면서도 벌써 그분의 눈에 복받쳐 오르는 듯 눈물을 왈칵 쏟아 내셨다. 그 눈물 속에 다 표현 못 해도 삶의 여정이 다 담겨 있는 것만 같았다. 그러면서 하시는 말씀이

'목사님, 목사님 앞이니까 말씀드리지 내가 아무리 잘해도 며느리로서 좋은 소리는 듣지 못하고 살아왔어요, 아범에게 잘해야 한다….'

등등의 쌓여온 아픔이 내게도 이심전심으로 전해오는 것만 같아 나 역시도 함께 눈물을 감출 수 없었다. 그러면서 집사님에게 내가 건네고 싶은 말은 이 말이었다.

'집사님, 그래도 예수님 믿고 살아오셨으니 그 힘든 여정 모질

게 견뎌 오신 겁니다. 잘하셨습니다….'

내가 보기에도 이 집사님은 평소 별로 말씀이 없으시고 마음이 여리고 순하신 분이다. 처음에 알기로 기도순서에 이분의 이름을 주보에 실었을 때 기도에 두려움증이 있어서 빼달라는 이유를 뒤늦게 안 것도 이 때문임을 이해할 수 있었다. 왜냐하면 이런 분들은 사람 앞에 서는 것이 두려움이 있기 때문이다. 이 같은 분들의 특징이 성격상 대개 혼자 속으로 고통을 삭이고 살아가기에 이런 유형의 질환으로 고생하는 것 또한 사실이다. 오히려 자기 성질대로 하고 싶은 말 다 하고 마음에 있는 말 내뱉어 버리며 화풀이하는 사람들일수록 어떤 면에서는 이런 증상으로부터 벗어날 출구를 마련한 사람일 수 있다.

집사님이 하는 이야기를 공감하고 잘 경청하는 것만으로도 그분에게는 위로가 될 수 있다 싶었다. 그러나 수술을 몇 날 앞둔 시점이기에 두려움 없이 수술 과정이나 절차도 잘 되기를 기도했다. 그리고 수술이 잘 된 이후 다시 회복실에서 나와 일반 병실에 계시면서 기도를 기다린다고 하는 말을 그 해당 속회 인도자로부터 듣고 다시 전화로 그 집사님의 수술 이후 회복을 위해 기도했다. 그리 흔하지 않은 안면경련 수술, 성도들을 위해 기도하는 수술 환자들 중 이런 쪽의 수술환자는 처음 접한 것 같다.

그러면서 이런 바람을 가져 보았다.

이후 우리 성도들을 비롯한 이 땅의 소리 죽여 가며 여전히 살

　　　　　　　　　　　　　도둑맞은 교회

아가고 있는 고통 받는 분들이 그런 심한 스트레스와 긴장으로 인한 두려움과 대인 기피증에서 해방되기 위해 낡은 구조 악으로 부터 벗어나 가해자와 피해자가 없는 세상, 즉 복음으로 함께 자 유를 더불어 누리는 세상을 만들어 가도록 교회가 희망이 되는 실력을 위로부터 받아 전할 수는 없을까?

나사못 하나 때문에

　　　　자동차를 가진 사람들이라면 대부분의 운전자가 경험해 보았을 법한 일 중의 하나가 아닐까 싶다. 바로 바퀴에 박힌 나사못으로 인한 실 펑크이다. 즉 운전자에게 운행 중 보일 리가 만무한 이 미미한 나사못 하나 때문에 어느 순간 자동차가 움직일 수가 없게 된다.

　몇 년 전 천안 추모 공원에 들렀다 바로 이런 일이 있었다. 사실 몇 주 전부터 운전석 앞에 타이어 공기압 경고 표시등이 켜져 있는 상태였다. 그러나 나를 비롯한 교회 승합차를 운전하는 분들이 미처 조치를 취하지 않은 것이 가장 근본 요인이었다. 그 추모 공원에 도착하고 보니 뒤쪽에 있는 좌측 바퀴의 공기가 다 빠진 상태였다.

　이후 이런저런 이유로 인해 후속 조치가 늦어져 보험사에 연락하여 긴급출동차가 오기까지 무려 2시간 가까이 불필요하고 소모적인 시간을 낭비하고 말았다. 시간이 금이다. 라는 말을 적용한다면 적지 않은 손실이었다. 그렇지 않아도 되는 일이었기 때문이다.

지난 2014년 4.16 세월호 참사는 초동 조치가 제대로 이루어지지 않은 데 있었고 더욱이 책임 있는 자들을 비롯한 시스템이 제대로 작동하지 않은 것이 선박 자체 규정을 어긴 것 이외의 주요인임이 속속히 밝혀진 바 있다.

대형 사고는 항상 그렇듯이 우리가 평소 소홀히 하는 것에서부터 시작된다. 그리고 이에 대한 경고의 신호가 주어진다. 이것을 하인리히 법칙이라고 부른다. 즉 하나의 대형 사고가 일어나기까지 그 이전에 29번의 경미한 사고가 발생했고 그보다 더 이전에 300번의 주의보가 있었다는 것을 1931년 윌리엄 하인리히가 통계로 발견한 법칙이다.

이번에 오랜 시간을 낭비한 이유도 사실 알고 보면 아주 작은 것에서 발단이 되었다. 그래서 몇 가지 원인을 찾아보았다.

우선 평상시 자동차 관리가 소홀한 점이 지적되었다. 여러 사람이 운전하는 맹점이 바로 이 점이다. 공동 운행은 내 차처럼 관리하는 책임성이 결여되는 게 사실이다. 우리 몸을 수시로 점검하듯이 자동차도 병원과 같은 카센터에 가서 정기 점검을 받으면 수명도 오래 간다는 것쯤은 자동차에 관한 상식이다. 그중에 하나가 타이어 공기압 하나만 정기적으로 잘 점검 받아도 그렇다는 것이다.

펑크 수리 후에도 공기압 표시등이 계속 남아 있어 다시 카센터에 들러 점검을 받았더니 다른 세 바퀴의 공기압도 기준치 이하였다. 공기압을 보충하고 나니 비로소 경고표시등이 사라졌다. 그러면서 자동차 전문가가 하는 말, '평소 관리를 안 했기 때문이예요'라고 조언해 준다.

다음으로 펑크가 난 직접적인 원인은 작은 나사못 때문이었다. 긴급출동한 분이 와서 살펴보더니 3cm쯤 되는 나사못을 빼서 보여주는 것이다. 주원인이 된 나사못은 그것이 있어야 할 제자리에 있지를 않았다. 나사못의 자리는 건물을 단단하게 지탱해 주거나 연결해 주는 곳이 그것이 있어야 할 제자리이다.

사람도 마찬가지인 것 같다. 가정에서는 부모와 자녀의 자리, 남편과 아내의 자리매김이 분명해야 한다. 학교에서는 선생님의 자리와 행정실의 자리와 학생의 자리가 있다. 나라에서는 대통령으로서의 자리와 각각의 국무위원들 자리와 입법 행정 사법기관 등이 제자리에서 해야 할 역할이 법으로 주어져 있다.

이런 자리를 이탈하거나 사유화하면 큰 혼란이 야기된다. 나아가 교회도 마찬가지이다. 작은 일부터 제자리를 잘 지킬 줄 알아야 순항할 수 있고 오래 갈수 있다. 세상에 직위職位가 있는 것처럼 교회 안에도 그에 해당하는 직분職分이 있다. 그런데 내가 보건대 직위나 직분보다 더 강조하고 더 소중하게 여겨야 할 것

도둑맞은 교회

은 직위나 직분에 따른 직무職務이다. 직무 없는 직위나 직분이 있을 수 없기 때문이다. 나아가 직위를 남용해도 안 되고 직무를 유기해도 안 되는 법이다.

나사못이 건물에 들어가면 건물이 지어지고 사람이 살도록 유익을 주고 자동차 결합하는 부품에 들어가면 자동차에 유익을 주는데 그것이 제자리가 아닌 타이어에 들어가니까 마치 사람의 힘을 빼버리듯이 공기압을 빼버린 나머지 사람의 발을 묶어 버리는 해를 가져왔다.

지난주 기도해야 할 분이 보이지 않아 왜 안 보이냐고 물었더니 힘이 빠져서 그렇다고 했다. 만나서 들어보니 그럴만한 이유가 있었다. 따지고 보면 지위 체계의 문제였다. 유1:5을 보면 '자기 지위를 지키지 아니하고 자기 처소(자리)를 떠난 천사들을 큰 날의 심판까지 영원한 결박으로 흑암에 가두셨다'는 경고가 있다. 천사라 할지라도 자기 자리를 제대로 지키지 않는다면 심판의 대상이라는 뜻이다.

나사못이 있어야 할 자리와 교회에서 임명받은 자리에 있어야 할 자리, 무엇이 크게 다른가? 나사못이 자리를 떠나 길에 버려져 있는 한 바퀴의 힘을 빼버리고 사람은 발이 묶여 시간을 빼앗기고 만다. 그리고 나사못에 공기압이 빠진 줄도 모르고 주행하다가는 큰 사고를 당할 수도 있다.

이번 일을 계기로 나사못 하나가 나에게 주는 교훈이 잃은 것보다는 얻은 것이 훨씬 많다. 따라서 교회에서 애당초 임명받은 자리를 이런 마음을 가지고 자기 자리를 잘 지키어 나가는 성숙한 성도 의식으로 한 해 끝매듭을 잘 짓고 새로운 한 해를 준비하였으면 하는 바람을 갖는다.

목사의 행복 바이러스, 성도의 행복 전염

교회도 요즈음 들어 빈익빈 부익부 현상이 가시화되는 현실을 피하기 힘든 시대이다. 예컨대 봉사할 일꾼을 찾고자 해도 자원하는 일꾼 얻기가 녹록지 않고 설사 가능성 있는 자원이 있어서 그들을 정작 지명하여 세우려 해도 일을 기피하는 게 대세인 요즈음 교회 상황은 어느 교회이든지 상황은 크게 다르지 않으리라 여겨진다.

우리 교회 찬양대는 여느 대형 교회 찬양대같이 수적 우위는 점하지 못하지만 그럼에도 불구하고 그리 많지 않은 찬양대원들로서도 매주 준비된 찬양으로 최선을 다해 하나님께 올려 드리는 모습과 그 선율이 어느 대규모 찬양단 못지않게 아름답고 자랑스럽기만 하다.

그런 이유일까? 금년에는 남성 파트 청년 두 명이 군 복무와 단기 어학연수를 떠나 공백이 생겨 결원을 보강해야 할 계획을 갖고 있던 중에 지난주 반가운 소식을 받았다.

그 전년도에 갓 결혼한 따끈따끈한 부부 중 한 자매가 그 주인공이다. 이 자매는 어릴 때부터 우리 교회에서 신실하게 신앙생활을 해왔던 터라 결혼 이후에도 평소 교회에 애뜻한 애정을 지녀왔다. 그러던 차에 카톡으로 '이번 주 찬양대원 임명하려고 하는데 가능하겠느냐? 내친김에 남편도 함께 찬양대 할 수 있는지 상의해서 알려 달라'고 했더니 얼마 후 이런 답신이 왔다. 그 내용의 골자는 이렇다.

'…전 사실 목사님께서 찬양대 하라고 말씀해 주기를 고대하고 있었습니다. 이번 주일예배부터 서도 될까요? …그리고 남편도 같이하겠다고 합니다…. 열심히 순종 봉사할게요… 말씀이 고프고 영적으로 갈급했고 메마르고 지쳐 있었는데 목사님 말씀들을 때마다 은혜를 받아요. ^^ 말씀과 기도로 주님의 은혜를 수도 없이 고백하고 있는 나날이에요, 언제든지 불러 써 주세요. 편히 뭐든 시키셔도 됩니다…'

만 29세 된 싱그러운 자매의 한마디 한마디가 요즘 신세대치고는 보기 힘든 숨어있는 발굴된 보석이요, 내가 카톡으로 기쁨을 감추지 못해 표현한 '천군만마'와 같았다. 구구절절 힘이 되고 은혜받은 간증이 짧은 글 속에서 물씬 풍겨 남을 읽을 수 있었다. 그 천군만마라는 말에 황송해하면서 '언제든 대기하고 있겠다'는 말로 또다시 목회자에게 힘을 실어주는 그 자매에게 '어시스트의 달인'이라는 또 다른 닉네임으로 이 지면상에서 더하여 불러 주고 싶다.

금상첨화 격으로 이 신혼부부에 이어 찬양대원은 이 자매보다 한 살 적은 모 권사님의 듬직한 역시 지난해 결혼하여 총각 꼬리표를 뗀 청년에게도 연쇄적으로 이어졌다. 그 형제에게도 찬양대원으로 임명하려고 한다는 의사를 물었더니 흔쾌히 동의했다. 이로써 이번 주부터는 찬양대원이 3명의 젊은 피를 수혈(?)받게 되어 한층 젊어지게 된 셈이다.

목회자를 돕겠다는 일꾼이 생기는 만큼 목회가 신바람 나고 행복한 목회는 없을 것이다. 목회자의 행복은 교회의 행복이고, 성도들의 행복에 액면 그대로 고스란히 흘러가기 때문이다.

이처럼 목회자가 행복하면 성도도 행복한 것은 두말할 나위도 없다. 세간에 돌고 있는 상식적인 이야기로 엄마가 아이에게 젖을 먹일 때 기쁘고 즐거운 마음으로 축복하며 수유할 때 아이에게 좋은 멜라토닌 수치가 높아져 아이가 정서적으로 건강하다고 하지 않던가? 그러나 반대로 화를 내고 짜증스러운 마음으로 수유하면 설사한다는 말은 전혀 근거 없는 이야기는 아니리라. 목회하면서 이런 원리를 경험해 보기 때문이다.

그리고 지금 내가 목양하는 교회에서 목회자가 행복하게 목회하는 것이 아! 이렇게 중요하구나! 하는 이론이 아닌 생생하게 현장감 있는 성도들의 눈빛과 실제 그들이 반응하고 들려오는 피드백을 통해 여실히 피부적으로 실감하며 즐감 중에 있다. 그러기에 목회 임상적 차원에서 계속 검증해 보고 싶은 매우 중요한 시기를 맞고 있다.

이 영적으로 고조된 분위기가 모든 연령층을 막론하고 확산되기를 바람은 물론, 삶에 직면해 풀어야 할 큰 산과 같은 문제를 만난 성도들, 오랜 질병에 고통하는 성도들 등 모두에게 이런 찬송과 고백이 울려 퍼지기를 날마다 기도 방석 앞에서 무릎으로 하나님께 나아가 기도해 본다.

"이것이 나의 간증이요, 이것이 나의 찬송일세(This is my story, This is my song)…"

나는 왜 목사인가?

　　사람들이 일반적으로 직업을 선택할 때는 우선순위로 사회에서 인지도가 높은 직종, 고소득이 보장되는 곳, 일의 보람이 있고 자신의 실력을 발휘할 수 있는 곳을 꼽지 않을까 싶다.

　　그러다 보니 현재 몸담은 곳이 이런 요건이 맞지 않는 경우 더 나은 직장이나 직업을 찾아 이직을 하기도 한다.

　　물론 일부 극히 소수 엘리트 계층의 사람들 중에서는 더 나은 구직을 위해 찾아가는 것과는 달리 두뇌나 재능 그리고 능력이 탁월한 경우 귀하신 몸값으로 스카우트되어 연봉이 천정부지로 뛰는 이들도 있을 것이다.

　　즉 나의 필요와 만족, 그리고 성취욕을 위해 부단히 찾아 나서기보다 준비된 나를 불러 이런 요구조건을 모두 보장받고 자신의 존재감을 인장 받는 직장이 있다면 얼마나 자존감이 크겠는가?

그런 곳은 이직률도 거의 드물 것이다.

  그렇다면 목회자의 경우를 생각해 보자.

  목회자가 되는 가장 중요한 조건 중의 하나를 말할 때 언필칭 '하나님의 부르심' ─ 소명(召命, calling) ─ 을 꼽는다. 아무나 하고 싶다고 할 수 있는 일이 아님을 전제로 한다. 따라서 타의 추종을 불허하는 화려한 스펙을 지녔다고 사회에서처럼 고액의 연봉을 제시하며 부름을 받을 수 없다는 의미이다. 오히려 진정한 목회자가 되기 위해 세상적인 스펙으로도 꿀리지 않는 이력으로 현재와 미래가 보장된 최고의 직위나 직장을 버리고 이 길로 들어서는 분들이 얼마든지 있다. 세상과 무엇이 다른가? 그것은 세상은 모든 사람이 자기중심이다.

  그러나 이렇게 버리고서 주님의 부르심에 순종하여 목회자가 되었다면 이제는 적어도 내 중심의 축에 자리 잡고 있는 내가 받았던 화려한 조명, 높아지려는 인기, 명예, 재물, 인정, 이윤추구, 보장, 특권, 대우 등과는 멀어질 수밖에 없는 가치관의 이동이라는 길로 부르심이 아니었을까?

  목회자가 되기 전 다니던 직장을 그만두고 나로 하여금 목회자가 되게 하신 강력한 부르심은 위에 언급한 것들을 거룩한 공교회 안에서는 찾아볼 수 없어야 함이 전혀 이상하게 들리지 않을 만큼 크게 의심하지 않았던 것이 사실이다. 왜냐면 그런 삶이 주님의 삶이셨고 나 역시 주님 없이 살 수 없다는 것을 '복음이 내 삶의 실재'임을 내가 만나는 사람들이 사는 삶의 현장에서 증언

하는 그 길이라고 여겼기 때문이다.

그런데 안타깝게도 우리가 처한 현실은 적어도 목회자들에게 만큼이라도 복음이 우리 삶의 실재가 되어야 하는데 현실의 상황이나 변수가 주변을 보아도 그렇고, 누구랄 것도 없이 목회자인 내 삶의 실재가 되는 것 같아 깊은 시름과 고뇌와 함께 과연 복음이 세상의 변수에 조롱당하지 않음이 확실할진대 그런 이 복음으로 세상을 해석해 낼 수 있는 돌파구를 모색하느라 여전히 나의 목회 현장은 공사 중이다.

최근에는 가뜩이나 대형 사건 사고 소식이 줄을 이어 사회 큰 이슈가 되어 불신이 팽배해져 가고 있는 판국에 교회 내의 문제까지 불난 집에 부채질하듯이 사회 이슈가 되어 회자되기 시작한 지가 어제오늘의 이야기가 아니다. 이름 석 자만 대면 매스컴의 영웅들이기에 신자이든 불신자이든 모르는 이가 없을 정도로 세간에 익히 알려진 목회자들로 인해 가슴을 쓸어내리는 탈법행위들이 그치지를 않고 있다.

교회 안에도 이른바 부익부 빈익빈의 논리가 통할 정도로 외적 내적으로 양극화 현상이 더해져 가는 현실이다.

경기도의 어느 교회에서는 얼마 전 은퇴를 앞둔 담임목사 후임 공고에 60명 이상이 지원하였다고 하니 가히 입학시험, 입사시험 경쟁률을 보는듯하다. 누가 목사가 제출한 이 서류를 심사하겠는가? 기획위원들을 비롯한 극소수 임원들이 아니겠는가? 그렇게 해서 소신 있는 목회가 가능할까? 우려하는 바 없지 않다.

그 교회는 이렇게 60여 명 중에서 간추려 최종 3명의 후보를 정하고 이들에 대해 교인들의 투표를 통해 다수 득표자 한 분을 최종 담임자로 결정했다고 한다. 그래도 교회 일부에서는 논란이 일었다고 덧붙인 기사를 읽었다. 그리고 이런 선출 방식을 신선한 것처럼 보도하고 있는 교계 신문을 접하면서 한편으로 씁쓸한 마음 감출 길이 없다. 그것은 교회 정체성이 흐려지고 점점 세상을 닮아가고 있기 때문이다.

담임목사 모시는 방식에 있어서 최선의 방법이 무엇일까는 각 교회의 정서와 상황이 저마다 다르기에 감히 이것이다. 라고 단정 지을 만큼 한국교회가 딱 부러지게 제시해 놓은 로드맵은 없다. 다만 차선 아니면 차선의 차선책은 있을 것이다. 그러나 이것도 깊이 상고하고 또 상고를 거듭한 후 모양새가 좋지 않은 부적합한 전례를 남기지 않도록 교회 내에 은혜롭게 합의된 덕스러움이 있어야 할 것이다.

우리가 몸담은 교회가 이러는 사이 세상은 어떻게 변해가고 있는지 잠깐 눈을 돌려보자.

오늘날 대학가 현실의 한 단면을 소개한다. 몇 년 전 당선된 서울대 총학생회장은 그 당시 캠퍼스 내에 전도를 함부로 할 수 없도록 전도 제재를 공약 슬로건으로 내건 후 당선되면서 전도 제재 수단으로 청원경찰을 두어야 한다는 주장에 대해 기독학생회 동아리 대표들과 논의를 벌이고 있다는 소식이 있었다.

숭실대에서는 학내 전도 불편 신고가 잇따르자 타협점으로 이미 전도 수칙 11가지 가이드라인을 만들고 '전도허가증'을 발급받은 학생에 한해 전도하도록 하고 있다는 예기치 못한 어이없는 일들이 현재 대학 내에서 그리고 우리 사회 곳곳에서 들려오고 있다.

복음 때문에 우리가 핍박받기보다 복음의 능력을 잃은 우리 때문에 그 영광스러운 복음이 흥정되고 있는 것 같은 서글픈 현실이다.

이런 현상들이 결코 우리 교회 현실과 무관하지 않다는 사실을 감안할 때 간과할 수 없는 일이다.

앞서 언급한 것같이 교회가 내부 단속이 안 되고 각종 불법과 불륜, 비리, 기득권 싸움, 소모성 논쟁과 분열 등으로 힘이 다 소진되고 상처 난 골이 깊이 패어갈 때 밖에서 밀려오는 질풍노도와 같은 거친 장애와 어찌 맞서 싸울 수 있겠는가? 우려된다.

따라서 이제 목회자들은 '나는 왜 목사인지' 정체성의 본질적인 질문부터 해야 하는 시대에 살고 있다고 여겨진다. 이에 대해 평소 마음에 담아 둔 몇 가지를 나름대로 제시해 보고자 한다.

우선 목회자끼리 파워 게임을 하지 말고 진실 게임을 하자.

생존 경쟁식의 서바이벌(survival) 목회 방식을 지양하고 서로 윈-윈 하고 살리는 리바이벌(revival) 목회의 기치를 함께 들자.

이미 바울이 보여준 주님 얻는 것이 가장 고상한 최고의 인생

가치로 알았기에 그동안 그 명성으로 사려 했던 것들을 배설물처럼 여기고 버린 재물, 교권과 명예, 요셉이 보여준 성(sex)에 대한 투명한 경계선의 자기관리로 목회자의 아킬레스건과 같은 탐심과 은밀한 선을 넘는 자신을 기만하는 밀실 행위를 타작하고 목회자 본연의 자세로 돌아가자.

세상에서 이미 버린 것 하다 하다 옹색하다고 교회 안에서 쓰레기 줍듯이 미련을 버리지 못한 것마냥 다시 찾지 말자.

세상의 변수에 짜 맞추지 말고 세상에 변화를 일구어내는 목회자가 되어 가자.

사람에게 손 내밀고 빌어먹는 목회하지 말고 하나님의 손을 구하도록 빌어(기도하여) 끝내는 주님이 나의 공급자이시다,라고 어엿하게 말하자.

그리고 마지못해 고역苦役으로 목회하지 말고 주님 앞에 서는 먼 훗날 마지막에 가장 고상하고 의미 있는 성역聖役의 목회였다고 말하자.

도둑맞은 교회